Von der Führung –
Das „neue" Theresianische Führungsmodell.
Denkanstöße zu einem reduzierten Führungsprozess in einer komplexen Umwelt

Georg Kunovjanek
Georg Maier

Von der Führung – Das „neue“ Theresianische Führungsmodell. Denkanstöße zu einem reduzierten Führungsprozess in einer komplexen Umwelt

Georg Kunovjanek
Georg Maier

2023

Carola Hartmann Miles-Verlag Berlin

Bibliografische Information der Deutschen Nationalbibliothek
Die Deutsche Nationalbibliothek verzeichnet diese Publikation in der Deutschen Nationalbibliografie; detaillierte bibliografische Daten sind im Internet über www.dnb.de abrufbar.

www.miles-verlag.jimdo.com
email: miles-verlag@t-online.de

Cover-Bild: Von Johann Peter Krafft - [1], Gemeinfrei, https://commons.wikimedia.org/w/index.php?curid=36334047

Herstellung:
Books on Demand, Norderstedt

Printed in Germany

ISBN 978-3-96776-064-4

Inhaltsverzeichnis

1 Vorwort

Das Bild am Einband zeigt Erzherzog Karl in der Schlacht von Aspern, in der Mitte seines Stabes, bei der Führungstätigkeit. Erzherzog Karl ist einer der drei großen militärischen Denker im deutschsprachigen Raum am Übergang vom 18. zum 19. Jahrhundert. Neben Clausewitz und Jomini gilt er als der Mitbegründer der Militärwissenschaft in Europa. Die Phrase „Armis et Litteris", geprägt durch Erzherzog Karl, ist zum Ausdruck der Verbindung von Militär und Wissenschaft bzw. von der Notwendigkeit einer militärischen und akademischen Führungsausbildung geworden.

Dieser Spruch ist noch heute über dem Eingang in das Innere der Burg zu Wiener Neustadt, dem Standort der Theresianischen Militärakademie, zu lesen. Das Bild zeigt alle Elemente des in diesem Buch dargestellten „neuen" Theresianischen Führungsmodells, in sehr eindrucksvoller Art und Weise. Die Führung, in Person des Erzherzogs und seines Stabes, ist trotz der chaotischen Szenerie weiterhin aufrecht und organisiert am Werk. Trotz verwundeter und toter Soldaten führen sie weiter. Das Problemhafte an der Situation bleibt jedoch klar erkennbar, bestimmt durch Kraft, Zeit und Raum. Ebenso ist Führung, als Ergebnis einer Idee vom Gefecht, über die Entwicklung eines Planes, bis zur konkreten Umsetzung in der Darstellung fassbar. Diese konkrete Umsetzung zeigt sich einerseits in der Versorgung der Verwundeten und andererseits auch an dem im Hintergrund weitertobenden Gefecht.

Der Prozess, der zur Entscheidung führt, ist zwar bildlich nicht sichtbar, aber aus der Darstellung durchaus ableitbar. Erzherzog Karl erfasst die Situation, bewertet sie und trifft, mittels seiner Urteilskraft, eine Entscheidung. Diese wird durch seine richtungsweisende Armhaltung an den Stab kommuniziert. Alle Ebenen des „neuen" Theresianischen Führungsmodells – die Trinität der Führung – finden sich also in diesem Schlachtengemälde wieder. Was ist nun so neu an diesem Führungsmodell? Zum einen werden diese offensichtlichen Elemente eines Führungsmodells erstmals zueinander in Verbindung gesetzt dargestellt. Zum anderen wird auf dem „alten" Theresianischen Führungsmodell nach Pichlkastner aufgesetzt. Dieses beschreibt eher ein Kompetenz- bzw. Tugendmodell als ein Führungsmodell, bleibt jedoch die Basis für das „neue" Theresianische Führungsmodell.

Theresianisch ist das Führungsmodell nicht nur deshalb, weil vermutlich ein Großteil der in der Schlacht bei Aspern tätigen Offiziere an der 1751 gegründeten Theresianischen Militärakademie ausgebildet wurden, sondern vor allem deshalb, weil nach diesem Modell nach wie vor an der Alma Mater Theresiana ausgebildet wird. So alt dieses Führungsmodell auch ist, so neu ist es in der Fortführung der Gedanken von Pichlkastner und in der Darstellung nach Kunovjanek und Maier.

Unser Dank gebührt in erster Linie Brigadier in Ruhe Mag. Karl Pichlkastner für sein „altes" Theresianisches Führungsmodell bzw. sein „neues" Theresianisches Kompetenzmodell. Bedanken wollen wir uns auch bei ao. Univ. Prof. MMag. DDr. Christian Stadler für seine Ideen und Gedanken zum intersubjektiv nachvollziehbaren Entscheidungsprozess. Besondere Anerkennung möchten wir Ing. Mag. Dr. Kurt-Martin Lugger und seinem Team der Personal- und Organisationsentwicklung der Karl-Franzens-Universität Graz für die experimentelle Umsetzung des Theresianischen Führungsmodells im Rahmen des Combined Leadership Trainings aussprechen.

2 Einleitung

Ausgehend vom Theresianischen Führungsmodell nach Pichlkastner[1], welches im Zuge dieses Buches in das Theresianische Kompetenzmodell übergeleitet wird, ist die Darstellung des Führungsbegriffes in einem „neuen" Theresianischen Führungsmodell, welches sich in erster Linie mit der Führung und nicht mit den, dieser zu Grunde liegenden, Kompetenzen auseinandersetzt, das Ziel. Dabei wird auf Ausarbeitungen zum Thema zurückgegriffen, die zum Teil bereits an anderer Stelle publiziert wurden.

Das Buch stellt dabei eine kumulative Zusammenstellung von über mehrere Jahre, durch die Verfasser in Theorie und Praxis, erarbeiteter Inhalte und Erkenntnisse dar. Der Abschnitt zur Führung im militärischen Kontext fußt auf einem Artikel in der „Österreichischen Militärischen Zeitschrift" (ÖMZ).[2] Die Methoden zur Vermittlung von Führungskompetenz, sowie das Führungsmodell selbst, wurden durch die Verfasser im Rahmen der akademieinternen Publikationsreihe „Armis et Litteris" als Lehrskriptum für die Studierenden an der Militärakademie zugängig gemacht.[3] Inhalte zum Wert der Information für die Führung sind in anderem Kontext im „The Defence Horizon Journal"[4] erschienen.

Die Gliederung des Buches orientiert sich an dem Modell des „Goldenen Kreises" nach Simon Sinek, dem „Warum-Wie-Was".[5] Es wird also zunächst einmal geklärt, warum die Auseinandersetzung mit Führung essenziell für die Entwicklung einer militärischen Denkschule und daraus abgeleitet für ein Führungsmodell ist, welches universell im Rahmen des Berufsvollzugs von zivilen und militärischen Führungskräften zur Anwendung gelangen kann.

---

1 Pichlkastner, K.: Das Theresianische Führungsmodell, „Mach er mir tüchtige Officirs und rechtschaffene Männer darauß", Armis et Litteris 32/2015, Wiener Neustadt 2015.

2 Kunovjanek, G; Maier, G.: Die Militärische Führung im Lichte von Niccolo Machiavelli - Gedanken zum modernen Führungsbegriff aus historisch-philosophischer Sicht, in: Österreichische Militärische Zeitschrift, LIX. Jahrgang, Ausgabe 5/2021, Wien 2021.

3 Kunovjanek, G; Maier, G.: Das neue Theresianische Führungsmodell – Von der Trinität der Führung, Armis et Litteris, Band 37, Wiener Neustadt 2022.

4 Kunovjanek, Georg: Vom Wert der Information im Krieg, in: The Defence Horizon Journal. https://www.thedefencehorizon.org/post/vom-wert-der-information-im-krieg?lang=de [20.12.2022]

5 Sinek, S.: Frag immer erst: warum, Wie Führungskräfte zum Erfolg inspirieren, München 2021, S. 39ff.

Im nächsten Schritt wird der Art und Weise der Vermittlung der entsprechenden Führungskompetenz, also wie diese Denkschule entwickelt wird, nachgegangen. Zu guter Letzt steht das „neue" Theresianische Führungsmodell mit seinen Bausteinen selbst im Mittelpunkt der Betrachtungen. Was für ein Modell kann dieser spezifisch militärischen Denkschule zu Grunde gelegt werden? Diese Dreiteilung wird durch grundlegende Überlegungen zur Führung, als künstlerisch kreativem Akt von Führungskräften, abgerundet.

Die Auseinandersetzung mit Führung im militärischen Umfeld ist diesem immanent. Bei der Beschäftigung mit dem Führungsbegriff hilft die Analogie zum Kriegsbegriff von Clausewitz. Das Chamäleon Krieg bewegt sich zwischen drei Eckpunkten: dem bloßen Verstand (der Regierung), der freien Seelentätigkeit (dem Feldherrn) und dem blinden Naturtrieb (dem Volk).[6] Die Ausprägungen der Führung können in gleicher Weise zwischen drei Eckpunkten verortet werden. Führung bewegt sich zwischen dem Führungsdenken (dem Ziel-Denken, dem bloßen Verstand), dem Tun (Durch- oder Ausführen, dem blinden Naturtrieb) und dem Planen und Führen (dem Führen an und für sich, der freien Seelentätigkeit).

Führung als richtungsweisendes steuerndes Einwirken zur Erreichung einer Zielvorstellung[7] ist nicht nur von den drei extremen Ausprägungen gekennzeichnet, sondern auch von der Ebene, auf der sie erfolgt, mitbestimmt. Im militärischen Kontext wird Führung auf der militärstrategischen, der operativen, der taktischen und der gefechtstechnischen Ebene geleistet. Je nach Ausprägung nähert man sich einer der drei Extremformen der Führung an. Das Zieldenken ist dabei eher der strategischen und operativen Ebene – im Sinne von strategischen bzw. operativen Zielvorgaben –, das Planen und Führen – als Ausrichtung am Ziel und konkrete Zielerreichungsmaßnahmen – dem Bereich von der operativen zur taktischen und das Tun bzw. Ausführen – als Umsetzung der Maßnahmen – von der taktischen zur gefechtstechnischen Ebene zuzuschreiben.

Gekennzeichnet ist die Führung auch von dem Verhältnis Führer und Geführter. Analog zum Gegensatzpaar des Angreifers und des Verteidigers bei Clausewitz, welches sich im Kriegsbegriff auflöst, ist das Gegensatzpaar vom Führer und Geführten zu fassen, welches sich dialektisch im Führungsbegriff synthetisiert. Diese Dialektik der Führung hat wesentlichen Einfluss auf die Art und Weise der Führung. Militärisch wird zwischen zwei Führungsprinzipien unterschieden. Die Befehlstaktik gibt neben dem Ziel

---

[6] Vgl. Hartmann, Uwe: Carl von Clausewitz: Erkenntnis, Bildung, Generalstabsausbildung, Olzog Verlag, München 1998, S. 65.

[7] Vgl. BMLV: DVBH Führungsbegriffe, Wien, November 2005, S. 65.

auch vor wie dieses zu erreichen ist[8], während die Auftragstaktik nur an einer Zielsetzung orientiert ist[9].

Zweites führt eher zu einem gewollten Durchführen, weil der Geführte durch die freie Wahl der Durchführung, quasi vom alleinig Geführten, auf die Ebene des Führers (bezogen auf die Wahl der Durchführung) gehoben wird. Weil also die Vernunft gebietet, den Auftrag auszuführen, weil man am Plan zur Erreichung des Zieles mitwirken kann, führt das Prinzip der Auftragstaktik zum gewollten Erreichen des Zieles. Die Befehlstaktik als zweites Prinzip in diesem Zusammenhang folgt strikt dem Prinzip von Befehl und Gehorsam und trennt Führer und Geführten. Dies leitet über zu den Hauptbestandteilen des Führungshandelns. Grundsätzlich benötigt Führung einen Ausgangspunkt, einen Endpunkt (das Ziel) und den Weg dorthin.

Der Endpunkt (Ziel, Vision) wird von der obersten Führungsebene (taktische, operative, strategische Führungsebene, bezogen auf die jeweilige Führungssituation) vorgegeben, auf Grund von einem, vom Soll-Zustand abweichenden, Ist-Zustand, der durch die Führung erfasst wird. Der Soll-Zustand wird von der Führung als Ziel vorgegeben und determiniert schließlich den Weg, welcher durch das durchführende Element beschritten werden soll. Es spielen also alle Ausprägungen der Führung in unterschiedlicher Stärke eine Rolle, die Führung bewegt sich gleichsam zwischen diesen Eckpunkten und nimmt einem Chamäleon gleich verschiedene Formen an. Betrachtet man den Ebenenbezug, so ist zu erkennen, dass je tiefer die Ebene, umso unmittelbarer die Führung wird; sie wird vom Führungsdenken immer mehr zum Ausführen, zum Handeln.

Ziel der vorliegenden Abhandlung ist es, Gedanken und Ideen zum Führungsbegriff bereitzustellen. Verschiedene Modelle werden hier in Verbindung zueinander gesetzt. Führung ist mehrdimensional und wird hier in dieser Mehrdimensionalität dargestellt. Dabei wird durch einen hohen Abstraktionsgrad ein fokussiertes Verständnis vom Führungsbegriff vermittelt. Die Essenz der Führung wird dabei in kompakter Form präsentiert. Die Suche nach den Faktoren erfolgreicher, aber auch nicht erfolgreicher Führung steht im Mittelpunkt der Betrachtung. Dabei wird der Kern eines jeden Führungsprozesses, der kleinste gemeinsame Nenner der Führung, dargestellt. Dies soll den geneigten Leser dazu ermutigen, in einer Selbstreflektion seinen Entscheidungsprozess zu überprüfen und eine einfache Handlungsempfehlung für erfolgversprechende Entscheidungen liefern.

---

[8] Vgl. ebd., S. 34.

[9] Vgl. ebd., S. 28.

Es geht hier nicht um Mechanismen, sondern vor allem um die Lösung von Problemen in krisenhaften Situationen. Welche Rolle spielen dabei Kunst, in Form einer gestaltenden Kreativität, und Wissenschaft, als evidenzbasierte Herangehensweise zur Problemlösung? Auch wird hier der Frage des Zusammenspiels von Empirie und Rationalität, im Zuge der Entscheidungsfindung, nachgegangen. Wann und vor allem wo ist welcher der beiden Bereiche in welcher Ausprägung erfolgversprechend oder muss sogar zur Anwendung gelangen? Daneben soll auch noch der Frage nachgegangen werden, ob die Führungsmechanismen bzw. -prozesse noch zeitgemäß sind und wie sich die Komplexität von Problemstellungen auf Lösungsmechanismen auswirkt. Die technologische Entwicklung und die dadurch veränderten Rahmenbedingungen, in denen Führung passiert, haben die Frage nach den richtigen bzw. passenden Prozessen der Führung aufgeworfen. Diesen Fragen wird in vorliegender Abhandlung nachgegangen. Am Ende soll ein intersubjektiv nachvollziehbares und reproduzierbares Führungsmodell stehen, welches Führungskräfte in die Lage versetzt, erfolgreich zu führen.

3 Von der Führung im militärischen Kontext

Für Organisationen unterschiedlicher Größe war und ist der Begriff der Führung ein sehr zentraler. Dies gilt auch und vor allem für das Militär. Dabei kann auf eine lange historische Entwicklung des Führungsbegriffes zurückgeblickt werden. Die Konzepte der Vergangenheit, in ein zeitgemäßes Licht gerückt, können einen wertvollen Beitrag zum Verständnis von Führung und dessen Wesen leisten. Neben vielen berühmten historischen Persönlichkeiten, wie Platon, Spinoza oder etwa Clausewitz, hat sich auch der Staatsphilosoph und Machttheoretiker Niccolo Machiavelli mit der Führung, im politischen, aber auch militärischen Kontext, auseinandergesetzt.

Führung ist zwischen Denken, Planen und Tun verortet. Diese drei Ausprägungen von Führung sind historisch gewachsen und heute eindeutig den unterschiedlichen Ebenen der Führung zuzuordnen. Hierbei ist zu beachten, dass alle drei Ausprägungen, allerdings in unterschiedlicher Gewichtung, auf allen Führungsebenen zur Anwendung kommen. Dabei lässt sich festhalten, dass je tiefer die Ebene, desto unmittelbarer wird die Führung.

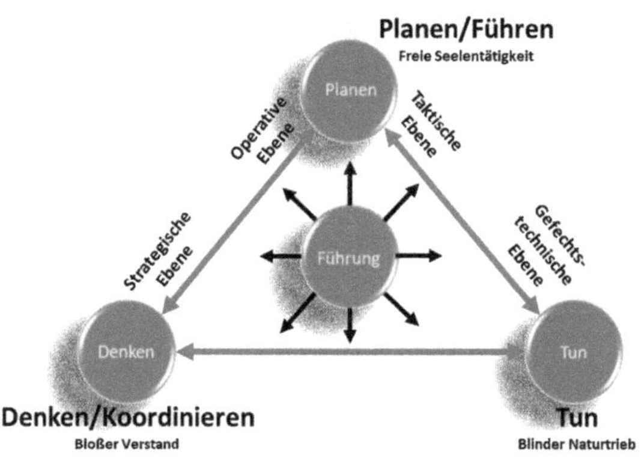

Abbildung 1: Die Führung zwischen Denken-Planen-Tun[10]

Führen heißt dabei Entscheiden[11] und Entscheiden bedeutet schließlich Lösungswege finden. Niccolo Machiavelli wird vor allem mit Staatsphiloso-

[10] Abbildung durch die Verfasser erstellt.

phie und Machtpolitik in Verbindung gebracht. Seine Auseinandersetzung mit der Rolle des Staates und noch mehr mit der Rolle des Herrschers für den Staat ist allseits bekannt. Vielfach zitiert und doch im Kern oft missverstanden, teilt er das Schicksal mit so manch anderem großen Philosophen. Man denke in diesem Zusammenhang nur an Clausewitz und die Miss-Interpretation des absoluten Krieges.

Machiavelli wird nicht nur in Verbindung mit der Staatsführung zitiert, sondern er hat auch einen großen Wert für die Betrachtung der militärischen Führung. In seinen Werken beschäftigt sich Machiavelli mit der Beschaffenheit von Herrschaft. Da die Person des Herrschers oft identisch mit der Person des Heerführers war, haben seine Ausführungen eine unmittelbare Relevanz für das Militär.

Er bringt in seinen Werken klar den Unterschied zwischen Management und Leadership zum Ausdruck. Sein Fokus liegt klar auf der Herrschaft – dem Gestalten, der Neuerschaffung und dem Führen – und nicht so sehr auf der Verwaltung – dem Ordnen und der reibungslosen Regelung der Staatsgeschäfte.[12] Im vorliegenden Text werden Aspekte der militärischen Führung, im Lichte von Niccolo Machiavelli, aufgezeigt und in einen zeitgemäßen Kontext gestellt. Dies soll zeigen, dass die (militärische) Führung von heute auf einem soliden historischen Fundament steht, welches sich nicht erst mit so bedeutenden Persönlichkeiten wie Carl von Clausewitz, Erzherzog Karl oder anderen nachfolgenden militärischen Denkern manifestiert hat.

3.1 Von Militär, Menschenbild und Macht

Das Militär hat in Machiavellis Darstellung des Staates einen wesentlichen Stellenwert. Neben der Religion und den Gesetzen nennt er das Heerwesen als die dritte Säule eines Staates.[13] Später sieht er in der Religion lediglich ein Instrument des Staates und nicht mehr eine tragende Säule des Staatswesens.[14] Die Gesetze schaffen die Einheit nach innen und das Heer erhält das Gemeinwesen nach außen.

---

[11] Vgl. Liessmann, Konrad Paul: In Wirklichkeit ist alles ganz einfach – Aufbau und Reduktion von Komplexität in sozialen Systemen, in: Armis et Litteris 7/2001, Wiener Neustadt 2001, S. 18.

[12] Vgl. Machiavelli, Niccolo: Der Fürst, Stuttgart 1978, S. XX.

[13] Vgl. Machiavelli, Niccolo: Discorsi, Gedanken über Politik und Staatsführung, Stuttgart 1977, S. LII.

[14] Vgl. ebd., S. LV.

Anders als die großen griechischen Denker sieht Machiavelli den Menschen nicht als mündiges Vernunftwesen, sondern als Wesen, das zur Vernünftigkeit erzogen (gezwungen) werden muss. Grundsätzlich ist der Mensch bei ihm aber entwicklungsfähig – die Interpretation seines Menschenbegriffs ist daher doch nicht so negativ wie man glauben könnte.[15] Es geht also für ihn darum, dem Menschen jenen Ansporn zu geben, dass er dem Müßiggang entsagt. Der Schlüssel zu einem funktionierenden Staatswesen ist daher für Machiavelli, neben der Rolle des Herrschers, auch eine entsprechende Verfassung. Der Schlüssel zu einer funktionierenden Führung wiederum ist die Orientierung am Menschen. Führung wirkt stets mit, für, aber auch gegen Menschen. Zudem benötigt Führung – im dialektischen Sinn – Führungskräfte auf der einen Seite und andererseits die Geführten. Aus der Sicht Machiavellis braucht es die Führung – durch den Herrscher mit Hilfe einer Verfassung – ‚um Menschen den genannten Ansporn zu geben.

Interessant ist auch seine Sicht auf die Ausgestaltung des Heeres. Sein Vergleich der Wehrpflicht (Volksbewaffnung) mit dem Berufsheer (Söldner) ist in vielen Staaten immer wieder aktuell. Da, wie bereits dargestellt, zu Lebzeiten Machiavellis der Fürst nicht nur Herrscher, sondern zugleich auch oberster Heerführer war, gelten viele der Aussagen in seinen beiden Hauptwerken, dem Fürst und den Discorsi, auch für das Militär. Ähnlich wie bei Platon, gibt es hier zwei sehr gegensätzliche oder zumindest sehr unterschiedliche Werke zum selben Thema. Platon hat in seiner Politeia den Idealstaat beschrieben, wie der Staat eben sein soll, und in den Nomoi den Realstaat dargelegt, wie er denn so ist. Machiavelli tut es ihm mit seinen beiden Werken über die Herrschaft gleich.

Im Fürst beschreibt er den idealen Herrscher bzw. die ideale Herrschaft und in den Discorsi beschränkt er sich auf die, in der römischen Geschichte gezeigten, Ausprägungen von Macht und Herrschaft. Dies ist der Kern der Dialektik Machiavellis, aus dem er seinen Machtbegriff ableitet. Wie für viele Staatsphilosophen (z.B. Spinoza in seinem politischen Traktat) ist eine gemeinsame Bedrohung für Machiavelli gemeinschaftsstiftend. Dies setzt voraus, dass diese Bedrohung auch von allen als solche wahrgenommen wird. Man schließt sich dann zusammen, um gemeinsam mehr Macht zu haben und die Bedrohung abwehren zu können.

Staaten bilden sich also durch Druck von außen und im Umkehrschluss zerfallen sie, wenn dieser Druck nachlässt und das Volk sich dem Müßig-

---

15 Vgl. ebd., S. LI.

gang hingibt.[16] Da setzt die Verfassung mit ihren Gesetzen an und erlegt den Bürgern Pflichten auf, die sie vor dem Auseinanderdriften bewahren. Spinoza hat den Machtbegriff, der der Führung zu Grunde liegt, in „potentia“ und „potestas“ unterschieden.[17] Der erste Begriff umschreibt die schöpferische, gestaltende Macht, die in der Krise in den Vordergrund treten sollte, und der zweite Ausdruck umreißt die verhindernde, behindernde Ausprägung von Macht, in der sich die einzelnen Akteure gegenseitig in ihrer Machtausübung hemmen.

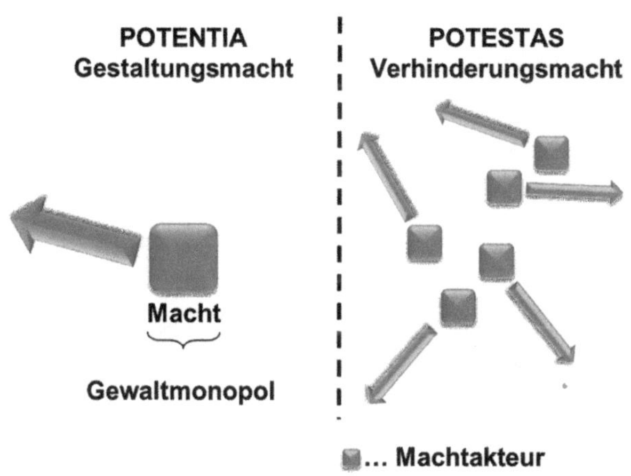

Abbildung 2: Gestaltungs- versus Verhinderungsmacht[18]

3.2 Vom Militär zwischen Verwaltung und Herrschaft

Für das Militär – die militärische Führung – heißt das, dass man eine Problemstellung bzw. eine Bedrohung braucht, die von allen als solche erkannt wird, um diese dann gemeinsam zu lösen bzw. ihr entgegentreten.[19] Das Problem regt also zur Zusammenarbeit an. Hier ist die militärische Füh-

---

[16] Vgl. ebd., S. 9.

[17] Vgl. Hampe, Michael; Schnepf, Robert (Hrsg.): Baruch de Spinoza. Ethik in geometrischer Ordnung dargestellt, Berlin 2006, S. 224.

[18] Abbildung durch die Verfasser erstellt.

[19] Vgl. Stern, Eric K.: Crisis, Leadership and Extreme Contexts, in: Holenweger, Michael; Jager, Michael Karl; Kernic, Franz (Hrsg.): Leadership in Extreme Situations, Springer, Cham 2017, S. 48.

rungskraft gefragt, den Geführten das Problem sichtbar zu machen.[20] Denn gibt es kein Problem, so bewegen sich (militärische) Führungskräfte in der Sphäre des Managements – dem Ordnen von Dingen – und nicht im Bereich des Leaderships – dem Gestalten von Ereignissen und Führen von Menschen.

Leadership braucht eine Herausforderung, Krise[21] oder eben ein Problem (den Führungsmoment), um in Gang gesetzt zu werden.[22] Ein Problem ist stets in Kraft, Zeit und Raum verortet. In der Problemlösung ist die Führung bzw. das Führungshandeln (der Entschluss / die Entscheidung) mit dem Problem in Deckung zu bringen – oder anders ausgedrückt, die Lösung muss das Problem adressieren.

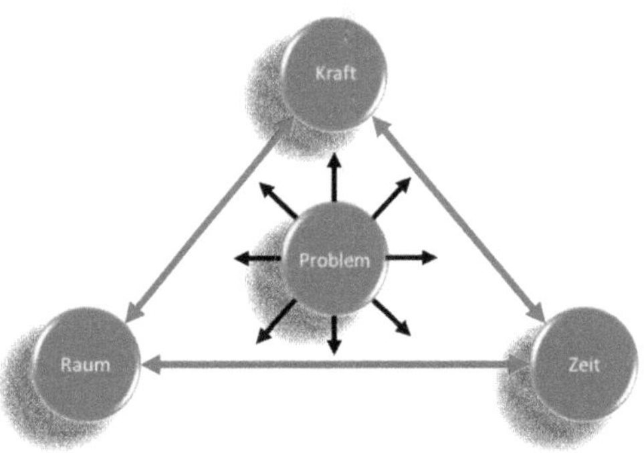

Abbildung 3: Das Problem verortet nach Kraft-Zeit-Raum[23]

So hat der Konflikt / die Krise eine durchaus starke gestalterische Kraft in sich.[24] Nur im Diskurs, im Zwist oder auch Streit kann es nach Machiavelli eine Entwicklung geben.[25] Er sieht in der sogenannten Not – der Notwendigkeit – „[…] die letzte und stärkste Waffe […]“[26], um einen Entschluss zu erzwingen und Dinge in Gang zu setzen. Bestimmt ist die Füh-

---

20 Vgl. Sprenger, Reinhard: Radikal führen, Frankfurt am Main 2015, S. 59.

21 Vgl. Padan, Carmit: Constructing Crisis Events in Military Contexts – An Israeli Perspective, in: Holenweger, Michael; Jager, Michael Karl; Kernic, Franz (Hrsg.): Leadership in Extreme Situations, Springer, Cham 2017, S. 221f.

22 Vgl. Sprenger, Reinhard: Radikal führen, Frankfurt am Main 2015, S. 148.

23 Abbildung durch die Verfasser erstellt.

24 Vgl. ebd., S. 164.

25 Vgl. Machiavelli, Niccolo: Discorsi, Gedanken über Politik und Staatsführung, Stuttgart 1977, S. 19.

26 Ebd., S. 326.

rungstätigkeit – das Führungshandeln – von eben dieser Notwendigkeit (necessitá), dem Glück (fortuna) und der Tugend, im Sinne der Initiative (virtú). Der Führungsmoment muss aber nicht aus einer Notwendigkeit heraus erwachsen, er kann vielmehr auch bewusst herbeigeführt werden, nämlich dann, wenn sich eine Gelegenheit (occasione) eröffnet.

Der Führungsmoment ist das gezielte Auslösen – durch Not oder Gelegenheit – des Führungshandelns. Wir wissen nun, was Führung nach Machiavelli auslöst, was der Führungsmoment, der Auslöser des Führungshandelns ist, doch wie gestaltet sich nun die Führung und welche Ausprägungen nimmt sie an? Zunächst geht es darum, für die Lösung eines Problems einen Plan zu entwerfen, basierend auf einem dazu gefassten Entschluss. Machiavelli hatte bereits ein sehr ausgeprägtes Fehlerbewusstsein[27] und ging davon aus, dass ein Entschluss nie perfekt sein kann, wenn er eine Lösung des Problems in einer ansprechenden Zeit hervorbringen soll.[28] Positiv streicht er die Notwendigkeit eines schnellen Entschlusses hervor.[29]

Er ist somit ein Vertreter der heuristischen Entscheidungsfindung. Ein schneller Entschluss bedingt die Entscheidungsfindung mit begrenztem Wissen – also unvollständigen Informationen – in möglichst kurzer Zeit. Diese Entscheidungsfindung im Führungshandeln ist auch als Kommandantenverfahren bekannt. Ist ausreichend Zeit zur Verfügung, um einen Entschluss zur Lösung eines Problems zu treffen, ist die Einbindung verschiedener Wissensquellen (z.B. Führungsgehilfen / Stabsoffiziere) möglich, man spricht dann vom Stabsverfahren. Die Zeit ist für das Führungshandeln, und da vor allem für die Entscheidungsfindung, von großer Bedeutung, wobei die Entscheidungen durch mehr Beurteilungszeit in ihrer Qualität nicht unbedingt besser werden.

Genau darauf reflektiert Machiavelli mit seiner Aussage zur Notwendigkeit. Der Entschluss bildet die Basis für einen Plan zur Zielerreichung / Problemlösung. Befindet sich der Plan in der Umsetzungsphase, so liegt die Aufgabe der (militärischen) Führungskraft zunächst im Ermöglichen eines reibungslosen Ablaufs. Wir befinden uns hier klassischerweise im Management. Nun kann der Plan verschiedenen Einflüssen ausgesetzt werden – er wird es auch immer sein – und dies kann zu einem Abgehen vom eingeschlagenen Weg, gewollt oder erzwungen, führen.

---

[27] Vgl. ebd., S. 88.
[28] Vgl. ebd., S. 26.
[29] Vgl. ebd., S. 399.

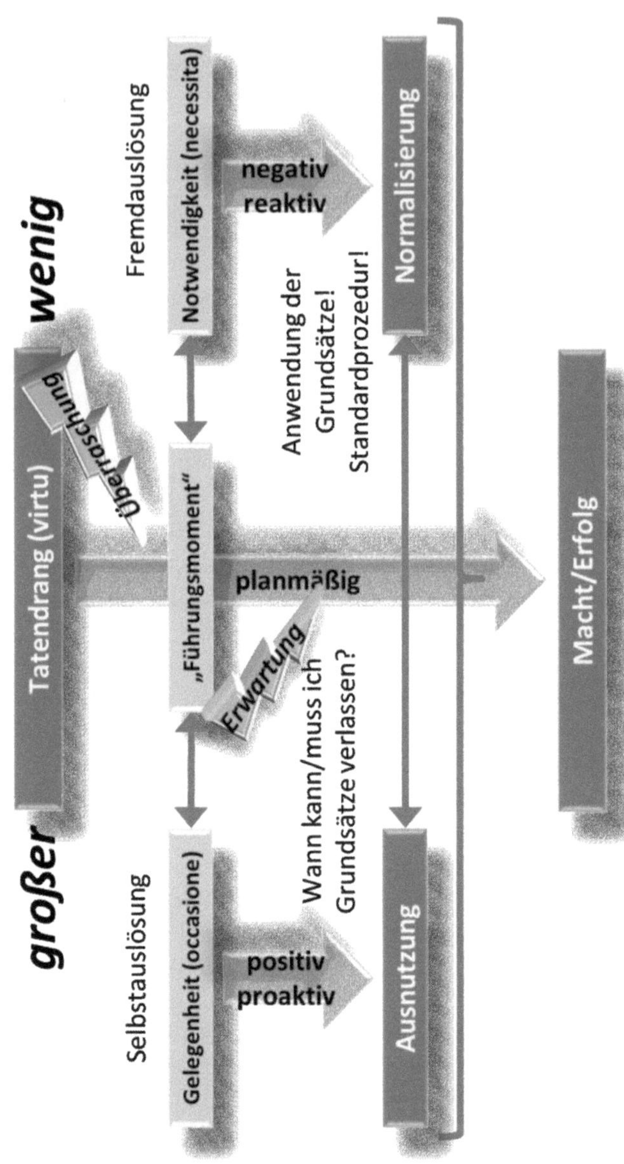

Abbildung 4: Die Führung nach Niccolo Machiavelli[30]

[30] Abbildung durch die Verfasser erstellt.

Ein Plan ist stets ein kontrollierter Irrtum.[31] Die Mehrdeutigkeit ist stetiger Begleiter des Führungshandelns, sie spiegelt sich im Entschluss, der Durchführung und auch im Problem wider. Hier kommt ebenfalls die Fehlertoleranz Niccolo Machiavellis zum Vorschein. So lässt sich daraus schließen, dass eine Entscheidung nicht richtig oder falsch ist, sondern, in ihrer Mehrdeutigkeit, als mehr oder weniger brauchbar einzustufen bleibt.[32] Falsch ist jedoch, keine Entscheidung zu treffen. Wirken bestimmte Faktoren auf eine Zielerreichung ein, so hat die Führungskraft sich zu entschließen, was zu tun oder nicht zu tun ist – auch nichts zu tun bedarf einer Entscheidung.

Diese Einflüsse stellen somit die sogenannten Führungsmomente dar, die ein Führungshandeln auslösen. Anders als bei der eingangs durchgeführten Planung zur Problemlösung ist nun die Führungskraft gefordert, weitgehend alleine einen Folgeentschluss, der weder richtig noch falsch ist, zu fassen – sich in die Sphäre des Leadership zu begeben. Sprenger, welcher viele Gedanken Machiavellis aufgreift und in die heutige Zeit transferiert hat, spricht hier von einer „[…] fundamental dilemmatischen Existenz […]“[33] einer Führungskraft.

Eine Entscheidung ist dabei stets zum Zeitpunkt, an dem sie getroffen wurde, zu beurteilen.[34] Der Entscheider trifft die Entscheidung persönlich und muss diese auch verantworten. Das findet sich bei Machiavelli, basierend auf den Schilderungen des römischen Geschichtsschreibers Titus Livius, auch wieder.[35] Einer Problemlösung – einer Entscheidung zur Problemlösung – liegt immer ein gewisser Tatendrang – eine Initiative – zu Grunde.

Diese, bei Machiavelli als virtú (Tugend) bezeichnete Triebfeder des Handelns, strebt den jeweiligen Störeinflüssen (z.B. dem Zufall / der Überraschung bzw. der Erwartung – fortuna) entgegen oder nutzt sie sogar aus, um den Erfolg zu erzielen.

Die Störfaktoren führen entweder im einen Extrem zu einer Notwendigkeit (necessitá), die es zu beseitigen, oder im anderen Extrem zu einer Gelegenheit (occasione), die es auszunutzen gilt. Zwischen diesen beiden extremen Ausprägungen bewegt sich der Führungsmoment. Dabei ist die Führungskraft zwischen Fremd- und Selbststeuerung verortet.

---

31 Vgl. Sprenger, Reinhard: Radikal führen, Frankfurt am Main 2015, S. 219.

32 Vgl. Sprenger, Reinhard: Magie des Konflikts, München 2020, S. 69.

33 Ebd., S. 69.

34 Vgl. Meissner, Philip: Entscheiden ist einfach, Frankfurt am Main 2019, S. 17.

35 Vgl. Machiavelli, Niccolo: Discorsi, Gedanken über Politik und Staatsführung, Stuttgart 1977, S. 38.

3.3 Vom Führungshandeln zwischen Notwendigkeit und Gelegenheit

In den beiden Extremsituationen stehen damit jeweils unterschiedliche Werkzeuge zur Verfügung. Bei der Ausnutzung einer sich bietenden Gelegenheit, um vielleicht eher oder besser zum Erfolg zu gelangen, stellt sich die Frage nach dem Verlassen der Grundsätze (Führungsgrundsätze und -prinzipien) des Führungshandelns. Vor allem, wann kann oder muss ich sogar diese Grundsätze außer Acht lassen, um erfolgreich zu sein? Um aus einer aufgezwungenen Notwendigkeit wieder in eine Normalisierung zu kommen, ist die Einhaltung und Anwendung der genannten Grundsätze angezeigt.

Diese Standardprozedur hilft, in zeitkritischen und vielleicht sogar existentiellen Phasen, möglichst rasch einen Normalzustand zu erreichen und womöglich dann sogar in die Ausnutzung zu kommen.[36] Am Ende steht die Zielerreichung mit der Lösung des Anfangsproblems. Machiavelli hat diese Konzeption in seinen beiden Hauptwerken ausformuliert und zum einen an der Untersuchung der Aufzeichnungen von Titus Livius, als reale Anwendung im Römischen Imperium, dargestellt und zum anderen idealistisch, als Handlungsanweisung für einen Fürsten, formuliert. Da Machiavelli den Konflikt, egal welcher Prägung, als durchaus wertvoll für die Weiterentwicklung von Gemeinwesen ansah, war für ihn die Führungspersönlichkeit notwendigerweise ein Mensch, der in Krisen handlungsfähig blieb.

Der Konflikt stellt These und Antithese einander gegenüber, um in einer Synthese zu einem Ergebnis zu gelangen. Für ihn war der Krieg das Sinnbild dieser Dialektik (die Kriegsgegner als These und Antithese, der Friede als deren Synthese) der Krise und hier war die Führungskraft besonders gefordert.[37] Erfolgreich führen konnte nur jener, der „[…] in den Zeiten des Friedens das Kriegswesen nicht vernachlässigt hatte."[38] Was bedeutet dies für die militärische Führung in unserer Zeit? Führen benötigt ein Problem / eine Krise, denn ohne Problem oder Krise keine Führung. Ziel des Führens ist es, die krisenhafte Situation zu lösen, wobei die „Überlebenssicherung" im Fokus der militärischen Führungshandlungen steht.[39]

---

[36] Vgl. Sprenger, Reinhard: Magie des Konflikts, München 2020, S. 127.

[37] Vgl. Stern, Eric K.: Crisis, Leadership and Extreme Contexts, in: Holenweger, Michael; Jager, Michael Karl; Kernic, Franz (Hrsg.): Leadership in Extreme Situations, Springer, Cham 2017, S. 44ff.

[38] Machiavelli, Niccolo: Discorsi, Gedanken über Politik und Staatsführung, Stuttgart 1977, S. 71.

[39] Vgl. Sprenger, Reinhard: Radikal führen, Frankfurt am Main 2015, S. 54f.

Führungslernen ist Erfahrungslernen, das heißt, um krisenfest zu werden, bedarf es des Trainings solcher Krisensituationen. Militärisches Handeln erfolgt meist in einer Krise oder zur Auflösung derselben. Das Militär handelt grundsätzlich zur Herstellung und / oder Beseitigung eines Rechtsrahmens (wie auch immer dieser gestaltet ist). Das militärische Führungshandeln ist daher stets systemverändernd. Problemstellungen, die es militärisch zu lösen gilt, sind, weil meist von existentieller Bedeutung, nur gemeinsam lösbar. Das Militär ist um die Idee der Zusammenarbeit herum aufgebaut. Es geht dabei nicht um die Summe der Einzelleistungen, sondern um den gleichzeitigen Einsatz aller zur Zielerreichung.[40]

3.4 Vom Führungsprozess zwischen Entscheidungsdistanz und Führungsruhe

Führung, und im speziellen die militärische Führung, ist das Ermöglichen von Zusammenarbeit. Es geht hier um die vorausschauende Überlebenssicherung, im Rahmen einer zusammenarbeitsstiftenden Problemlösung, zu der sich die militärische Führungskraft entschlossen hat. Entschließen bedeutet Lösungswege zu finden und zu kommunizieren. Dabei stellen bei Machiavelli Entscheidungsdistanz und Führungsruhe zwei zentrale Begriffe dar.

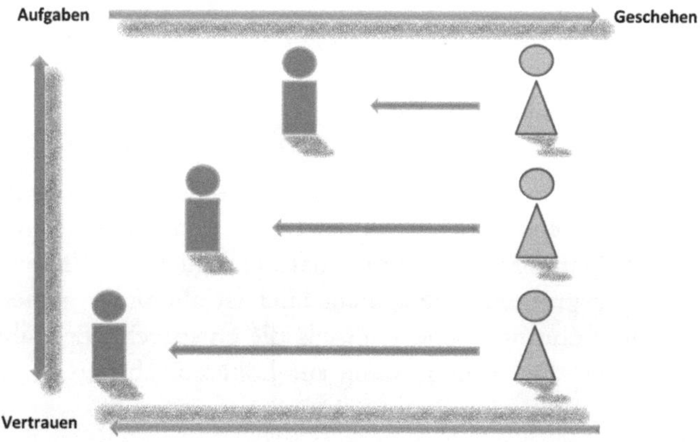

Abbildung 5: Die Entscheidungsdistanz[41]

[40] Vgl. ebd., S. 55.

[41] Abbildung durch die Verfasser erstellt.

Die Entscheidungsdistanz ist die notwendige räumliche und zeitliche Distanz des Entscheidungsträgers zum Geschehen und drückt das Vertrauen zu den nachgeordneten Ebenen aus.

Hier geht es Machiavelli um das Bewusstsein der „[...] Würde seiner (der Führungskraft) Stellung [...].“[42] Sich der jeweiligen Ebene, in der man das Führungshandeln vollzieht, bewusst sein, ist für ihn wesentlich, um erfolgreich seine Ziele zu erreichen.[43] Im engen Zusammenhang mit der Entscheidungsdistanz steht die Führungsruhe. Diese ist die Möglichkeit, Entscheidungen ohne gravierende zusätzliche Einflüsse von außen zu treffen und fördert die Eigenverantwortung.

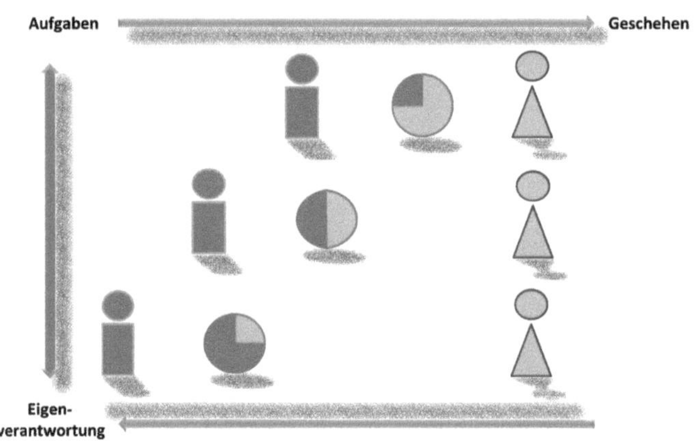

Abbildung 6: Die Führungsruhe[44]

Machiavelli beschreibt bzw. umschreibt diesen Begriff folgendermaßen: „Bei der Leitung großer Dinge ist es das Beste, wenn einer allein den Oberbefehl führt“[45]. Man könnte darunter natürlich auch die Einheit der Führung als Führungsgrundsatz verstehen. Hier ist allerdings gemeint, dass – bezogen auf die Führungsebene – jeweils die entsprechende Führungskraft zu entscheiden hat. Die Einmischung aus höheren Ebenen heraus oder in

42 Machiavelli, Niccolo: Discorsi, Gedanken über Politik und Staatsführung, Stuttgart 1977, S. 374.
43 Vgl. ebd., S. 330.
44 Abbildung durch die Verfasser erstellt.
45 Vgl. ebd., S. 333.

niedrigere Ebenen hinein führt zum Verlust der Führungsruhe und reduziert die notwendige Entscheidungsdistanz.[46]

Die Lösung der Führungsaufgaben / der Probleme durch die jeweilige Ebene schafft die Möglichkeit für die übergeordnete Ebene, sich ihren Aufgaben zu widmen. Mischt sich die vorgesetzte Führungsebene in das Führungshandeln der nachfolgenden Ebenen ein, so fehlt ihr die Zeit (aber auch Kraft und Raum), sich um die Sicherstellung der notwendigen Voraussetzungen zum Führungshandeln der Nachgeordneten zu kümmern.[47]

Man taucht förmlich in das Geschehen ein und verliert seinen Handlungsspielraum. Der Führungserfolg erschließt sich über das ausgewogene Verhältnis zwischen Entscheidungsdistanz, Führungsruhe und den Führungsmoment. Vertrauen und Eigenverantwortung sind zudem die Grundbausteine des Führungsprinzips der Auftragstaktik und somit wesentlich für eine moderne (militärische) Führung. Dabei spielt auch eine Ebenenverschiebung, welche mit der ebenenbezogenen Einheit der Führung einhergeht, eine große Rolle.

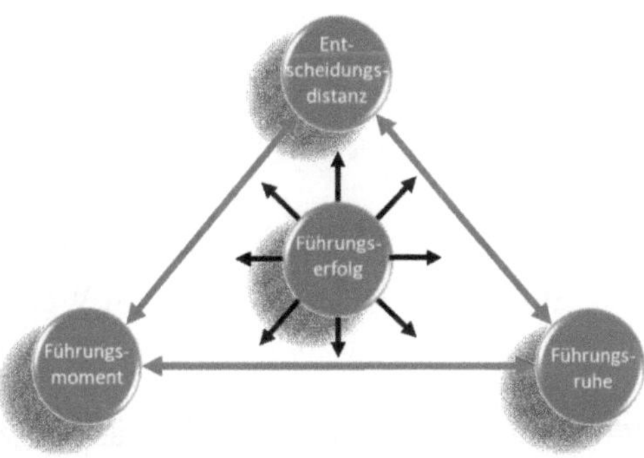

Abbildung 7: Der Führungserfolg als Ergebnis der Balance zwischen Führungsmoment, Führungsruhe und Entscheidungsdistanz[48]

Die Führungskräfte der nachgeordneten Ebenen werden, durch die Nichteinmischung in ihren Führungsbereich, durch Aufrechterhaltung einer gewissen Führungsdistanz und Sicherstellung der daraus resultierenden Füh-

46 Ebd., S. 332.

47 Vgl. Fuster, Thomas: Besser führen dank weniger Wissen – Wenn Führungskräfte für kurze Zeit Jobs tauschen, tritt oft Wunderliches zutage, in: Neue Züricher Zeitung, 30. August, Zürich 2021, S. 24.

48 Abbildung durch die Verfasser erstellt.

rungsruhe, hierbei auf die Ebene des Entscheiders gehoben (Ziel und Mittel zur Umsetzung werden vorgegeben, die Durchführung muss selbst geplant werden) und es kommt zu einem gewollten Führen.[49]

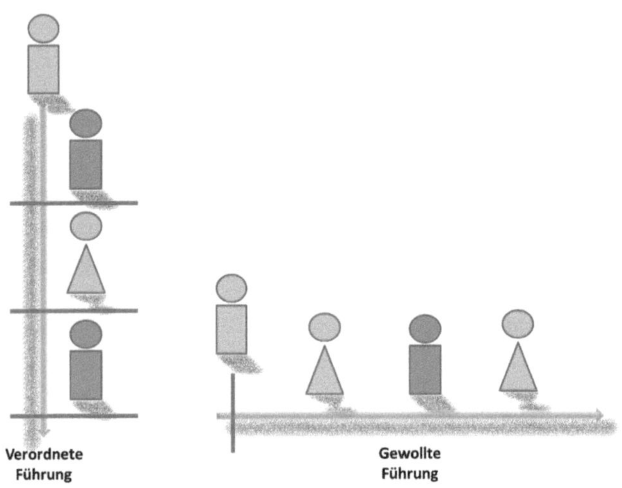

Abbildung 8: Verordnete versus Gewollte Führung[50]

Abgeleitet aus dem philosophischen System von Kant[51], durchläuft der Weg zu einem Entschluss / einer Entscheidung im Wesentlichen drei Ebenen. Die Verstandes-Ebene dient dazu, die gegebene Situation darzustellen, die Fakten aufzuführen. Diese Fakten werden in der Vernunft-Ebene einer Bewertung zugeführt, um dann mit Hilfe der Urteilskraft zu folgern, was zu tun ist.[52] Das Ergebnis dieses Prozesses ist der Entschluss.

Um die Entscheidung besser fassen zu können, sei hier auf einen anderen Philosophen verwiesen, der sich dieser Thematik in seinen Werken ebenfalls gewidmet hat. Sören Kierkegaard spricht bei der Entscheidung

---

[49] Vgl. ebd., S. 24.

[50] Abbildung durch die Verfasser erstellt.

[51] Vgl. Liessmann, Konrad Paul: Die großen Philosophen und ihre Probleme, Wien 2003, S. 80f.

[52] Vgl. Hollerer, Franz; Peischl, Wolfgang: „Leadership". Ein Führungsprinzip zwischen Anspruch und Wirklichkeit, in: SIAK-Journal – Zeitschrift für Polizeiwissenschaft und polizeiliche Praxis, 2/2011, S. 23.

von der Umsetzung einer Möglichkeit in die Wirklichkeit.[53] Dabei wird aus mehreren Möglichkeiten zum Handeln eine Entscheidung getroffen – man „scheidet" sich hierbei von den anderen Möglichkeiten. Es stehen im Entscheidungsmoment also mehrere Handlungsmöglichkeiten einer Handlungswirklichkeit gegenüber.

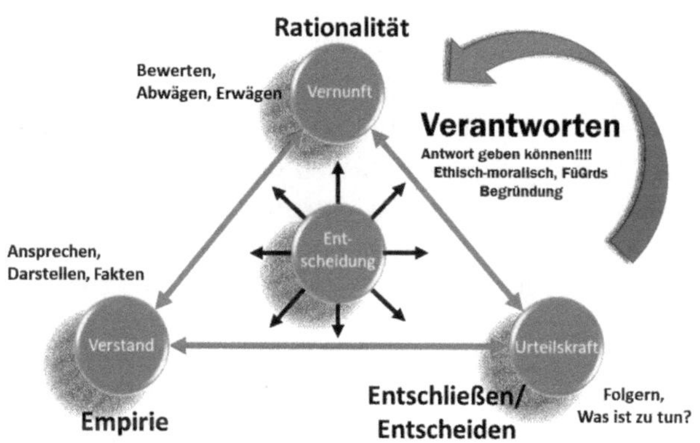

Abbildung 9: Der intersubjektiv nachvollziehbare Entscheidungsprozess[54]

Bezogen auf die Entscheidung endet damit die Handlungsfreiheit, diese ist nur im Rahmen der Möglichkeiten sichtbar. Ist eine Entscheidung getroffen, verliert sich diese Freiheit. Für Kierkegaard bringt dieser Verlust der Freiheit eine gewisse Angst vor dem Entscheiden mit sich – nämlich dann, wenn sich die Führungskraft dieses Freiheitsverlustes bewusst ist.[55]

Diese Angst zu entscheiden, gilt es zu überwinden. Mit der Aufgabe der Freiheit erfährt der Entscheider eine Schuld, im Sinne einer bewussten Trennung von den anderen Möglichkeiten. Diese Schuld führt zur Verantwortung für eine Entscheidung und macht den Entscheidungsträger erst zu einer Führungskraft, sie (die Verantwortung) führt dazu, dass derjenige, welcher Entscheidungen trifft, als Einzelner sichtbar bleibt und nicht zum Verschwinden gebracht wird.[56]

---

[53] Vgl. Liessmann, Konrad Paul: Die großen Philosophen und ihre Probleme, Wien 2003, S. 126.

[54] Abbildung durch die Verfasser erstellt.

[55] Vgl. ebd., S. 126.

[56] Vgl. ebd., S. 127.

Wichtig ist es dabei, Antwort geben zu können, warum man sich als Führungskraft so entschieden hat. Schließlich weiß man erst im Nachhinein, was man entschieden hat.[57] Dies geschieht im Rahmen der Verantwortung auf der Vernunft-Ebene. Dieser Ablauf liegt allen Entscheidungen zu Grunde (im Sinne einer intersubjektiven Nachvollziehbarkeit), ob sie nun militärischer Natur sind oder nicht.[58] Der hier beschriebene Prozess ist somit der kleinste gemeinsame Nenner eines Führungsverfahrens.

Im Zusammenhang mit diesem Führungsverfahren und den Begriffen Entscheidungsdistanz bzw. Führungsruhe sind noch die unterschiedlichen Anforderungen an die damit verbundenen Pläne zur Problemlösung, auf den jeweiligen Führungsebenen, näher zu betrachten. Der Plan, der auf der Entscheidung im Prozess folgt, hat entsprechend der Führungsebene eine andere / unterschiedliche Reichweite seiner Umsetzung. Hier ist der Konnex zur Entscheidungsdistanz bzw. Führungsruhe. Die sogenannte Befehlsreichweite – wie lange der Plan in seiner Umsetzung wirken soll – ist direkt proportional zur Entscheidungsdistanz und der daraus resultierenden Führungsruhe.

Je größer diese beiden Parameter sind, umso weiter reicht die Wirkung des Planes bzw. des Befehls. Die Führungskraft, welche unmittelbar im Geschehen verhaftet ist, hat ihren Fokus auf der Lösung des vorliegenden Problems und genausoweit reicht die Wirkung des Befehls. Je weiter man die Ebenen nach oben schreitet, desto mehr treten die Ereignisse bzw. Konsequenzen, die auf die unmittelbare Problemlösung folgen, in den Mittelpunkt des Planens. Ist die unmittelbare Folgephase, nach der Lösung des Problems, noch durch den sogenannten Planungshorizont der Führung – jene Auseinandersetzung mit den Folgen der Problemlösung und der weiteren Zielerreichung – auf dieser Ebene abgedeckt, deckt der Befehl der übergeordneten Ebene den Planungshorizont der nachgeordneten Ebene bereits ab.

Hier wird klar, warum für eine Zielerreichung, an der mehrere Führungsebenen beteiligt sind, die Faktoren Entscheidungsdistanz und Führungsruhe so essenziell sind. Das Funktionieren des Gesamtsystems – der Führungserfolg – ist von diesen abhängig. Generell gilt hier, dass der Planungshorizont der nachgeordneten Ebene gleich der Befehlsreichweite der übergeordneten Ebene ist. Hier wird die Forderung Machiavellis nach der ebenenbezogenen Einheit der Führung wieder deutlich gezeigt und begrün-

[57] Vgl. Sprenger, Reinhard: Magie des Konflikts, München 2020, S. 71.

[58] Vgl. Machiavelli, Niccolo: Discorsi, Gedanken über Politik und Staatsführung, Stuttgart 1977, S. 26.

det, wobei dazu auf allen Ebenen eine entsprechende Initiative zum Führungshandeln von Nöten ist.

Ein Mangel an Entschlossenheit (Initiative / virtú) führt letztlich selten zum Erfolg. Um die Entschlussfreudigkeit zu unterstützen, sieht Machiavelli – neben der Not (neccesitá) als ultimativer entscheidungsfördernder Kraft – vor allem ein klares Herausarbeiten der Unterschiede zwischen den zur Entscheidung heranstehenden Alternativen. Auch hier kommt die positive Kraft des Konflikts in der Sichtweise von Machiavelli wieder klar zum Vorschein.[59] Führung bleibt somit selbst kontrovers, ist also „[…] immer Führung im Dilemma."[60] Darüber hinaus befindet sich die Führungskraft nicht nur im Führungshandeln in einem Konflikt, sondern sie muss darüber hinaus im Stande sein, das Imperfekte und die Mehrdeutigkeit auszuhalten.[61]

3.5 Von der Rollenvielfalt einer Führungskraft

Zunächst einmal hat eine Führungskraft über den Tellerrand hinaus zu denken und sich für die großen Zusammenhänge zu interessieren. Diese Fähigkeit als Generalist ist essenziell, um sich offen gegenüber, für Entscheidungen relevanten, Einflüssen zu halten. Die Fähigkeit, oft nicht für die Sache augenscheinlich nützliche Informationen zu erfassen, sie mit bereits vorhandenen Informationen in Beziehung zu setzen, ist für verantwortbare Entscheidungen äußerst wichtig.

So ist, zum Beispiel für Entscheidungen auf der taktischen oder gar gefechtstechnischen Ebene, der Gesamtzusammenhang auf den übergeordneten Ebenen von großer Wichtigkeit. Denken wir an den „Strategic Corporal", so sind nicht nur Handlungen, sondern auch die vorausgehenden Entscheidungen auf den unteren Führungsebenen von Bedeutung für das Gesamtgefüge der Handlungen auf den höchsten Entscheidungs- beziehungsweise Handlungsebenen. Es handelt sich dabei um eine in beide Richtungen wechselseitige Beziehung zwischen den Führungsebenen.

Führungskräfte haben somit ebenenübergreifend zu denken und auch zu handeln. Das Verstehen und Begreifen der Makroebene, der strategischen Führungsebene, sind für Führungskräfte unabdingbar, um erfolgreich führen zu können. Das Erfassen der Absicht der übergeordneten Ebenen ist

---

[59] Vgl. Münkler, Herfried: Über den Krieg, Stationen der Kriegsgeschichte im Spiegel ihrer theoretischen Reflexion, Weilerswist 2002, S. 50.

[60] Sprenger, Reinhard: Magie des Konflikts, München 2020, S. 117.

[61] Vgl. ebd., S. 142.

nicht nur Teil des österreichischen taktischen Führungsverfahren, sondern sollte darüber hinaus auch auf den Gesamtzusammenhang reflektieren.

Der Generalist ist somit die Basis dafür, Entscheidungen und das daraus resultierende Führungshandeln in einen Gesamtzusammenhang einbetten zu können. Auf das Militär bezogen beschäftigt sich der Generalist mit den Militärwissenschaften in ihrer Gesamtheit, ohne sich aber in der einen oder der anderen Wissenschaftsdisziplin zu vertiefen.[62]

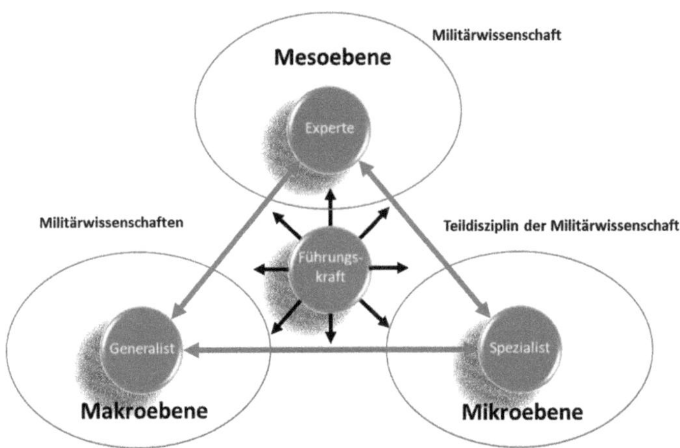

Abbildung 10: Die Rollenvielfalt einer Führungskraft[63]

Die Führungskraft ist aber nicht nur Generalist, sondern auch Experte[64] in seinem Fachbereich, für die militärische Führungskraft also im Bereich des Militärs, der Militärwissenschaft. Diese umfasst unter anderem die Kerndisziplinen der Operation, der Taktik und vor allem der Logistik.[65] Die ausgeprägte Fach- und Methodenkompetenz in der Militärwissenschaft ist damit Voraussetzung, um beim Einsatz von militärischen Kräften die Entscheidungen fundiert auf dieser Basis treffen zu können. Das Wissen um

[62] Vgl. Richtlinie für Forschung und Entwicklung an der Theresianischen Militärakademie, Version 2, Wiener Neustadt 2020, S. 16ff.

[63] Abbildung durch die Verfasser erstellt.

[64] Vgl. Faustenhammer, Alfred: Der Unterschied zwischen Spezialisten und Experten, WEKA Akademie, 2020. https://www.weka-akademie.at/wekablog/der-unterschied-zwischen-spezialisten-und-experten [05.01.2023]

[65] Vgl. Richtlinie für Forschung und Entwicklung an der Theresianischen Militärakademie, Version 2, Wiener Neustadt 2020, S. 18.

Aufgaben, die Charakteristika und Besonderheiten des Militärs und der Streitkräfte ist für eine erfolgreiche Truppenführung von großer Wichtigkeit.

Der Experte hat zudem noch eine weitere wichtige Aufgabe im Gesamtsystem Militär. Er ist das „Scharnier" zwischen der Makro- und der Mikroebene im Militär. Als Dolmetscher zwischen dem Generalisten und dem Spezialisten[66] leistet er einen wesentlichen Beitrag zum Funktionieren des Systems. Auf der Mikroebene finden wir eine weitere wichtige Rolle der militärischen Führungskraft. Der Spezialist verfügt über eine vertiefte Kenntnis in einer der Teildisziplinen der Militärwissenschaft.

Neben seinen Rollen als Generalist und Experte, verfügt die militärische Führungskraft in der Regel über eine spezielle Fach- und Methodenkompetenz in einem Gebiet der Militärwissenschaft. Es kann sich hierbei um das spezialisierte Wissen in einer Waffengattung oder einem Teilbereich einer Waffengattung oder aber um spezialisierte Fach- und Methodenkompetenz in der Taktik, Logistik oder Operation handeln. Je nach Führungssituation ist die Einnahme einer dieser Rollen angezeigt. Natürlich kann es dabei auch zu Überschneidungen der verschiedenen Rollen kommen. Um Konflikte entsprechend aufzulösen, ist eine ebenenübergreifende Betrachtung derselben notwendig.

3.6 Vom Konflikt als zentraler Kraft

Der Konflikt ist für Machiavelli der Normalzustand, die friedliche Koexistenz eine Kulturleistung, wobei dies darin begründet liegt, dass das Begehren stets stärker ist als das Besitzen. Diese Asymmetrie zwischen Haben und Wollen ist auch der Ausgangspunkt für den Tatendrang (virtú).[67] Hat man einen Zustand erreicht, in dem das Wollen und das Haben eins sind, beginnt der Tatendrang zu schwinden und Instabilität und Unfrieden steigen empor.[68]

Hier zeigt sich die durchaus positive Bewertung des Konfliktes durch den Florentiner, denn diese Asymmetrie fördert die Entwicklung und ist ein mächtiger Antrieb zum Gestalten.[69] Machiavelli sieht, wie oben bereits be-

---

[66] Vgl. Faustenhammer, Alfred: Der Unterschied zwischen Spezialisten und Experten, WEKA Akademie, 2020. https://www.weka-akademie.at/wekablog/der-unterschied-zwischen-spezialisten-und-experten [05.01.2023]

[67] Vgl. Sprenger, Reinhard: Magie des Konflikts, München 2020, S. 91.

[68] Vgl. Münkler, Herfried: Über den Krieg, Stationen der Kriegsgeschichte im Spiegel ihrer theoretischen Reflexion, Weilerswist 2002, S. 39 u. 47.

[69] Vgl. Machiavelli, Niccolo: Discorsi, Gedanken über Politik und Staatsführung, Stuttgart 1977, S. 19.

schrieben, die Führung und somit auch die Entscheidungsbefugnis, in der Krise oder bei wichtigen Vorhaben, immer in der Hand einer Person. Diese Einheit der Führung ist für ihn, vor allem im Konflikt, von sehr großer Bedeutung.[70] Dennoch weiß er um die Wichtigkeit eines kritischen Beraters einer Führungskraft.

Die Auswahl eines vertrauensvollen, kritischen Führungsgehilfen zur Überprüfung und Prüfung des eigenen Führungshandelns ist bei Machiavelli von besonderer Bedeutung. Meissner etwa spricht davon, einen Kritiker zu finden und zu versuchen, ihn zu verstehen.[71] Diese Person soll nach der Auffassung von Machiavelli Initiative und Intelligenz zeigen.[72] Hier beschreibt er das Zusammenspiel von Alpha – dem Entscheider in der Krise, der Führungskraft – und Omega – dem Verwalter oder Manager – im Führungshandeln. Anleihe nimmt er am politischen System des Römischen Reiches.

Die Führung im Frieden obliegt den Konsuln, den Tribunen und dem Senat, dies kann analog zum stabsdienstlichen Führungsverfahren im Militär von heute gesehen werden. Ist die Krise jedoch ausgebrochen und entsteht ein hoher Zeitdruck, so ist die Konzentration der Führungsentscheidung in der Person des Kommandanten (der jeweiligen Führungsebene) angezeigt; dieses bereits genannte Kommandantenverfahren ist mit dem römischen Diktatoren-System in der Schilderung Machiavellis zu vergleichen.[73]

Dieses System bedarf der Einsetzung eines kritischen Omegas als Rückkoppelung – im Sinne eines Konfliktes im Kleinen zur Generierung von brauchbaren Führungsentscheidungen – für die Führung in der Krise. Dieser kritische Geist des Beraters – im militärischen Sinne, des Stabsoffiziers oder Stellvertreters – ist vor der Entscheidung einzusetzen, nicht erst wenn die Entscheidung bereits getroffen wurde.

Machiavellis Denken ist dialektischer Natur und so ist auch die Führung in seinem Licht von einer Dialektik durchzogen. Der Zusammenhang zwischen Tugend, Gelegenheit und Notwendigkeit in seinen Werken spiegelt sich im Führungshandeln heutiger (militärischer) Führungskräfte wider. Der nötige Eigenantrieb, die Initiative ist – basierend auf einer Herausforderung / einem Problem – der Kernpunkt einer erfolgreichen Zielerreichung. Für Machiavelli (wie auch bei Spinoza und anderen) ist die Gefahr, die Bedro-

---

70 Vgl. ebd., S. 333.

71 Vgl. Meissner, Philip: Entscheiden ist einfach, Frankfurt am Main 2019, S. 77ff.

72 Vgl. Machiavelli, Niccolo: Der Fürst, Stuttgart 1978, S. 96f.

73 Vgl. Machiavelli, Niccolo: Discorsi, Gedanken über Politik und Staatsführung, Stuttgart 1977, S. 96f.

hung oder, im Sinne unseres Verständnisses, das Problem das Einende. Druck, egal in welcher Form, schweißt zusammen.[74]

Dies erfolgt durch Gesetze im Inneren oder aber auch durch einen Feind von außen. Das Problem, das eint, ist meist von umfassendem Charakter, oder anders gesagt, je fundamentaler ein Problem ist, umso mehr fordert es zur Zusammenarbeit auf. Dabei spielen der Führungsmoment und dessen Erkennen eine entscheidende Rolle. Das Führen durch Auftrag (die Ebenenverschiebung) – oder im österreichischen Verständnis die Auftragstaktik – beruht auf der Forderung Machiavellis, die Einheit der Führung auf der jeweiligen Führungsebene sicherzustellen.

Daraus ergeben sich die Zusammenhänge zwischen Entscheidungsdistanz und Führungsruhe einerseits und andererseits deren Verhältnis zum Führungsmoment – Aktion versus Reaktion. Der Fokus liegt in seinen Ausführungen stark auf dem Herrscher / der Führungskraft, allerdings ist, abgeleitet von der Einheit der Führung, im Zusammenwirken mit der schnellen Entscheidungsfindung durch einen einzelnen – dem Kommandantenverfahren – auch das Stabsverfahren in seinen Werken erkennbar.

So zum Beispiel in der Beschreibung des politischen Systems – Demokratie im Frieden versus Diktatur als Notsystem in Krisenzeiten – in der römischen Republik. Wie wichtig die Erfahrung der Führungskraft im Führungshandeln ist, zeigt sich in der Forderung nach in der Krise handlungsfähigen Führungskräften.[75] Führungshandeln ist demnach Erfahrungshandeln. Es muss das Wissen und die Umsetzungsbereitschaft entsprechend herangebildet werden. Das Wissen um und über den Konflikt und die Bereitschaft, in die Situation hineinzuhandeln, sind Kernkompetenzen der (militärischen) Führungskraft.

Der Umgang mit Mehrdeutigkeit – in allen Phasen der Führung – und die Auseinandersetzung mit Entscheidungsabläufen unter Zeitdruck ist, in einer modernen Führung, von großer Bedeutung. Für eine Führungskraft ist zur Umsetzung eines effektiven Führungshandelns, in krisenhaften Situationen, ein adaptiver Führungsstil – der den Mehrdeutigkeiten Rechnung trägt – angezeigt. Ein Festhalten an einem starren Ablauf birgt zudem die Gefahr des verpassten Erfolgs in sich. Anders gesagt: „Das Schema tötet den Geist!“[76]

---

[74] Vgl. Machiavelli, Niccolo: Gesammelte Werke in einem Band, Frankfurt o.J., S. 831.

[75] Vgl. Sprenger, Reinhard: Radikal führen, Frankfurt am Main 2015, S. 172ff. bzw. Machiavelli, Niccolo: Discorsi, Gedanken über Politik und Staatsführung, Stuttgart 1977, S. 71.

[76] Middeldorf, Eike: Taktik im Russlandfeldzug, Erfahrungen und Folgerungen, Darmstadt 1956, S. 235.

Auch plädiert Machiavelli in diesem Zusammenhang für eine gewisse Fehlertoleranz, die einem raschen und brauchbaren Entschluss zu Grunde gelegt ist. Die Qualität von Entscheidungen – und deren Umsetzung – liegt nicht nur in der Führungskraft begründet, sondern hängt sehr stark auch von den umsetzenden Kräften ab. Eine exzellente Entscheidung kann durch eine schlechte Umsetzung konterkariert werden und umgekehrt. Hier sind für eine erfolgreiche Führung (Synthese) beide Faktoren – Führungskraft (These) und Geführte (Antithese) – untrennbar miteinander verbunden. Darüber hinaus zeigt sich abermals die dialektische Durchdringung von Führung.

Genauso wichtig wie dieses Verhältnis für die Qualität der Führung ist, ist das Zusammenspiel von Führer und Führungsgehilfen. Der Führungsgehilfe stellt dabei seinen kritischen Geist in den Dienst der Führungskraft, um dessen Entscheidungen qualitativ zu verbessern. Macht ist für Machiavelli die Kraft, welche es der Führungspersönlichkeit ermöglicht, einerseits die Rahmenbedingungen des Führungshandelns zu schaffen und andererseits die Krise durch gezielte Führungshandlungen zu meistern.

Krise, Macht und Zwang sind für ihn durchaus notwendige Faktoren, um das Bestehen und das Überleben des Gemeinwesens zu ermöglichen. So ist, unter Berücksichtigung der heutigen Gegebenheiten in Politik, Wirtschaft, Bildung und anderen Bereichen, Machiavelli ein Realist mit in der Geschichte bereits erprobten Handlungsempfehlungen, dem es heute teilweise auch noch zu folgen gilt. „Never miss a good crisis!“[77]

Welche Anforderungen stellen Krisen nun an Führungskräfte? Dieser Frage wird im Folgenden nachgegangen. Dabei steht die Auseinandersetzung mit Erfordernissen, die zum militärischen Aufgabenvollzug notwendig sind, im Fokus. Im Geiste Machiavellis soll einerseits die normative Lösung von Herausforderungen und andererseits die über diese hinausgehende Aufgabenbewältigung betrachtet werden.

3.7 Von den zukünftigen Erfordernissen an (militärische) Führungskräfte

Die Erfordernisse zum Aufgabenvollzug sind die Basis, um Führungskompetenz zu entwickeln. Die Ausrichtung der Kompetenzentwicklung hat sich an den im Berufsfeld verorteten Anforderungen zu orientieren. Grundsätzlich ist Handeln, so auch das Führungshandeln – speziell durch staatlich

[77] Sprenger, Reinhard: Radikal führen, Frankfurt am Main 2015, S. 213.

legitimierte Aufgabenträger – normativen Zwängen unterworfen.[78] Diese Normen sind aber nicht nur Gesetze, sondern auch andere Regeln, Grundsätze und Prinzipien. Diesen widmet sich die Abhandlung an anderer Stelle. Inwieweit diese Normen, abseits des gesetzlichen Rahmens, auch auf zukünftige Führungsherausforderungen anwendbar sind, bleibt zu diskutieren.

Die Rollenvielfalt von Führungskräften wurde bereits dargestellt. Führungskräfte sind aber in ihren verschiedenen Rollen stets auch normative Aufgabenträger. Dies bedeutet, das Führungshandeln orientiert sich stets an dieser Rollenzuschreibung, allerdings wird diese stark von der jeweiligen Führungssituation und den darin zu berücksichtigenden Normen abhängig sein. Beispielhaft sollen nun einige mögliche, zu bewältigenden Situationen für künftige Führungskräfte dargestellt werden. Diese orientieren sich vor allem an den militärischen Bedürfnissen wie der Lösung von Gefechtsaufgaben. Welche Erfordernisse sich vom Gefecht, als klassischer militärischer Herausforderung, ableiten lassen, wird im Folgenden erörtert.

3.7.1 Von simultanen, komplexen Handlungen

Entscheidungsdistanz und Führungsruhe sind Faktoren, die im Aufgabenvollzug stets Störungen ausgesetzt sind. Das Fokussieren auf ausschließlich eine zu lösende Aufgabe, ohne zusätzlicher Einflussfaktoren, ist in der Realität kaum möglich. Sind es bei Führungshandlungen in einem Gefecht der Gegner oder die Umwelteinflüsse, so können, auch im zivilen Umfeld, keine von der Umwelt isolierte Handlungen für die Aufgabenerfüllung von Führungskräften beobachtet werden.[79] Besonders in komplexen Szenarien beobachtet man vielfach eine Dynamik, welche die Situation ständig weitertreibt.[80]

Das Chaos stellt die höchste Ausprägung einer Führungssituation dar, welches im militärischen Kontext klassischerweise im Gefecht gegeben ist. Zeitdruck und Gleichzeitigkeit im Bewältigen der Situation machen diese noch komplexer. Zusätzlich kommen Ungewissheit und fehlende Informa-

---

[78] Vgl. Artikel 18(1) Bundes-Verfassungsgesetz (B-VG) BGBl. Nr.1/1930 idF BGBl. Nr.51/2012.

[79] Vgl. Hoppe, Anette: Handlungskompetenz ein Erfolgsfaktor für die Zukunft! Das Vierseitenmodell erfolgreichen Handelns. 15. Symposium Energieinnovation, 14. bis 16. Februar 2018, Technische Universität Graz 2018. S. 7. https://www.tugraz.at/fileadmin/user_upload/Events/Eninnov2018/files/lf/Session_D2/521_LF_Hoppe.pdf [08.01.2023]

[80] Vgl. Keller, Jörg: Führung und Führer im Militär, in: Leonhard, Nina; Werkner, Ines-Jacqueline (Hrsg.): Militärsoziologie – Eine Einführung, VS Verlag, 2012, S. 484f.

tionen hinzu. Hier sind besonders heuristische Lösungsmodelle gefordert. Fehlender Transparenz in der Situation kann nur mit gesteigerter Initiative, Verantwortung und Vertrauen begegnet werden. Diese Faktoren sind in der Heranbildung von Führungskräften zu trainieren und manifestieren sich als Teil der Führungskompetenz. Dabei gilt, dass zunächst die Norm gelehrt und dann, in unterschiedlichen Situationen adaptiert, zur Anwendung gebracht werden sollte.

Hier darf allerdings kein Denken in Schemata vermittelt werden, sondern die bewusste Anwendung eines intersubjektiv nachvollziehbaren Entscheidungsprozesses. Dieser kann, ob seiner Offenheit, situationsbedingt angepasst werden und so seine Wirkung entfalten. Basierend auf einer grundsätzlich normativ orientierten Aufgabenerfüllung ist damit eine gewisse Kreativität verbunden.

3.7.2 Von den kreativen Führungshandlungen

In chaotischen Lagen ist die Anwendung von adaptiven Techniken, welche eine situative Anwendung auf die Herausforderung erlauben, angebracht. Basierend auf adaptivem und kreativem Denken ist eine adäquate Problemlösung möglich. Die Faktoren Kraft, Zeit und Raum sind dabei einfallsreich zu bewirtschaften. Dabei werden wir damit konfrontiert, dass die Norm den Rahmen vorgibt, um in diesem Rahmen Lösungen durch Vernetzen verschiedener, voneinander oftmals getrennter, Inhalte der Führungsausbildung zu erarbeiten.

Dabei macht die Kombination von unterschiedlichen Ansätzen zur Problemlösung den Mehrwert gegenüber dem Befolgen nur eines Lösungsansatzes aus. Kreativität, Vernetzung, Adaptionsfähigkeit und „Thinking outside of the Box“ sind nur einige der Faktoren, die es hier zu berücksichtigen gilt. Diese Kreativität ist allerdings erst dann angezeigt, wenn die Norm beherrscht wird. Auf diese Kunst des Führens wird an anderer Stelle noch näher eingegangen.

Die Kreativität als Erfordernis zur Bewältigung von krisenhaften Situationen muss, durch Vermittlung einer spezifischen Denkschule, entwickelt werden. Das Erlernen von Führungsprozessen fördert die Entwicklung der „Executive Functions“ des Gehirns, welche im Wechselspiel mit emotionalen Reaktionen für die Entscheidungsfindung notwendig sind.[81] Dazu dient

[81] Vgl. Schiebener, Johannes; Brand, Matthias: Decision Making Under Objective Risk Conditions–a Review of Cognitive and Emotional Correlates, Strategies, Feedback Processing,

in der Offiziersgrundausbildung in erster Linie die Taktikausbildung. Sie fördert die an Normen (Prinzipien und Grundsätzen) ausgerichtete kreative Bearbeitung von Problemstellungen. Begünstigt wird sie vor allem durch die Anwendung des Führungsprinzips der Auftragstaktik.

3.7.3 Von der Initiative in der Führungshandlung

Der Tatendrang, wie bei Machiavelli schon zu sehen, ist die Triebfeder jeder Führungshandlung. Die Initiative ist dem Wollen im Vierseitenmodell nach Hoppe[82] zuzuordnen. Darunter sind Bedürfnisse, Motive oder Werte zu finden. Der Tatendrang ist die Voraussetzung, um Ziele zu erreichen; bei Auftreten eines Führungsmomentes ist diese Triebfeder aber auch notwendig, um diesen beantworten zu können.

Ist dieser Drang aus einer Problemstellung in eine Lösung zu gelangen, nicht oder nur ungenügend ausgeprägt, so ist davon auszugehen, dass die Führungshandlung keinen Erfolg erzielen wird. Die simultanen komplexen Situationen im militärischen Kontext verlangen nach einem hohen Tatendrang, um aus einer Notwendigkeit wieder in eine Normalisierung eintreten zu können. Ist die Initiative in der Situation groß, so kann sich aus einer Notwendigkeit auch eine Gelegenheit ergeben.[83] Diese Ausnutzung vergrößert damit wieder den Handlungsspielraum zur Zielerreichung.

Nicht nur im militärischen Umfeld ist die Initiative im Führungshandeln ein Erfordernis, z. B. auch in der Unternehmensführung ist das Erkennen einer Gelegenheit und das initiative Nutzen dieser für erfolgreiche Führung ausschlaggebend.

3.7.4 Von der Rolle beweglicher normativer Grundmuster

Das Beherrschen der Normen ist, wie bereits erwähnt, die Grundlage für erfolgreiches Führungshandeln. Das Vernetzen und/oder Adaptieren dieser normativen Grundmuster erhöht den Handlungsspielraum der Führungs-

---

and External Influences, in: Neuropsychology Review, Volume 25, Issue 2, Springer, 2015, S. 175f.

[82] Vgl. Hoppe, Anette: Handlungskompetenz ein Erfolgsfaktor für die Zukunft! Das Vierseitenmodell erfolgreichen Handelns. 15. Symposium Energieinnovation, 14. bis 16. Februar 2018, Technische Universität Graz 2018. S. 7.

[83] Kunovjanek, G; Maier, G.: Die Militärische Führung im Lichte von Niccolo Machiavelli – Gedanken zum modernen Führungsbegriff aus historisch-philosophischer Sicht, in: Österreichische Militärische Zeitschrift, LIX. Jahrgang, Ausgabe 5/2021, Wien 2021, S. 558f.

kraft. Dadurch entstehen neue Muster, die auf die zu lösenden Aufgabenstellungen passen. Diese Adaptions- oder Vernetzungsfähigkeit ist damit ein wichtiges Erfordernis, welches aus den militärischen Problemlagen heraus begründet wird.

Je komplexer eine Krise ist, umso wahrscheinlicher ist es, dass verschiedene Grundmuster miteinander zu vernetzen sind. Zur Förderung von Fähigkeiten, welche dem Erfordernis nach Vernetzung entsprechen, ist die Frage, nach welchen Grundmustern oder Normen man sich zu orientieren hat, zu stellen. Der Vermittlungsschwerpunkt liegt hier bei den Prinzipien und Grundsätzen militärischen Handelns.

Eine prinzipiengeleitete Lehre schafft die Voraussetzungen für die bewegliche Anwendung dieser normativen Grundmuster. Den zugrunde liegenden Prinzipien und Grundsätzen wird noch an anderer Stelle vertiefend nachgegangen.

3.7.5 Von der dynamischen Eskalation und der stufenweisen Eskalationsfähigkeit

Komplexe Szenarien haben die Eigenheit, sich sehr dynamisch zu entwickeln und bedürfen daher einer darauf vorbereitenden Führung. Dem streben die Alltagshandlungen von militärischen Führungskräften entgegen. Die Erledigung von Managementaufgaben hemmt die Führungskraft in der Fähigkeit, sich auf sehr dynamische Situationen vorzubereiten. Das bedeutet, solche Szenarien sind zu trainieren, um im Fall einer dynamischen Eskalation die richtigen Führungshandlungen setzen zu können.

Dieser „Switch Effect"[84], nämlich schlagartig von einer Management- in eine Führungsaufgabe zu wechseln, ist ein weiteres wesentliches Berufsfelderfordernis militärischer Führer. Doch nicht nur der schlagartige Wechsel vom Organisieren zum Führen, sondern auch die schrittweise Anhebung der Führungsfähigkeit und damit verbunden der Führungsleistung kann erforderlich sein.

Eine geringere Dynamik oder ein großzügigerer zeitlicher Rahmen bedingen oftmals nicht das sprunghafte Umschalten zwischen den Formen der Führung. Zur Durchsetzung des eigenen Willens, zur Auftragserfüllung oder Problemlösung ist die Anwendung von Gewalt, unterschiedlicher Ausprägung, angezeigt. Je nach Situation ist diese zu beurteilen und anzuwenden.

---

[84] Vgl. Königshofer, Josef Franz: Unsere Verantwortung – Leistung fordern – Persönlichkeit fördern. Prinzipien, Methoden und Anforderungen im Führungstraining, Theresianische Militärakademie, Wr. Neustadt 2015, S. 49.

Anders als beim „Switch-Effect" ist dabei ein stufenweises Ansteigen der Intensität in der Situation beobachtbar.

Wird die Führungskraft jedoch mit extrem zeitkritischen, aber nicht offensichtlich bedrohlichen Szenarien konfrontiert, z.B. in der Cyberdomäne, wo Angriffe schon wirken, ohne, dass sie erkannt wurden, kann es auch notwendig sein, aus einer hohen Führungsbereitschaft heraus zu agieren. Dies gibt die Möglichkeit einer Deeskalation der Führung bei Erkennen des wahren Ausmaßes einer Bedrohung. Ist diese geringer als für die Festlegung der Führungsbereitschaft angenommen, kann diese stufenweise deeskaliert werden.[85]

Die Fähigkeit zu erfassen, welche der drei Vorgehensweisen („Switch-Effect", Eskalation oder Deeskalation der Führung) anzuwenden ist, bildet ein weiteres Berufsfelderfordernis von (militärischen) Führungskräften. Die hier exemplarisch angeführten Erfordernisse sind in der Ausbildung abzubilden, um die Führungskompetenz entsprechend entwickeln und festigen zu können. Wie auf diese Berufsfelderfordernisse in der Offiziersgrundausbildung eingegangen und mit welchen Methoden Führungskompetenz vermittelt wird, versucht der folgende Abschnitt näher zu bringen.

---

[85] Kunovjanek, Georg: Cyber – Die Domäne der vernetzten Unsicherheit. Eine kritische interdisziplinäre Analyse des Krieges der Zukunft und seiner normativen Grundlagen, Miles-Verlag, Berlin 2021, S. 300f.

4 Von der Vermittlung der Führungskompetenz

Im Rahmen des Militärs stehen Führung und Taktik in einem sehr engen Verhältnis zueinander. Dies zeigt sich vor allem darin, dass die Truppenführung als Synthese aus Führungslehre und Taktik verstanden werden kann. Um militärische Kräfte erfolgreich nach Zeit und Raum einsetzen zu können, ist eine ausgeprägte Führungskompetenz notwendig.

Diese kann durch eine methodisch abwechslungsreiche Ausbildung in der Taktik gefördert und entwickelt werden. Eine Auseinandersetzung mit den unterschiedlichen Methoden der Taktikausbildung scheint, in diesem Zusammenhang, als besonders beachtenswert.

4.1 Von der Einführung in die Methoden der Lehre in der Taktik

Wenn wir uns der Taktikausbildung annähern wollen, so muss dies über den Begriff der Führung erfolgen. Dies deshalb, weil die Taktik genau dieser Führung dienen soll. „Mach er mir tüchtige Officirs und rechtschaffende Männer darauß"[86], lautete der Auftrag Maria Theresias an Feldmarschall Graf Daun. Hier haben wir implizit schon die Grundlage für eine Führungsausbildung enthalten. Der Offizier galt und gilt nach wie vor als militärischer Führer – er führt also seine Soldaten. Das Anleiten dieser zu einem bestimmten Verhalten, einem Tun und Handeln, schließt sprachliche und auch mentale Handlungen mit ein.[87] Das „Entscheiden", als vorrangige mentale Leistung eines Führers, neben der Willensäußerung, steht hier im Fokus.

Nach Liessmann heißt Führen Entscheiden und der Geführte hat entschieden, dem Gesagten zu folgen.[88] Der Zweck der Führung ist dabei, das „Überleben" des „Unternehmens" zu sichern.[89] In der einen Definition nach Sprenger ist das Unternehmen auf die Wirtschaft bezogen, doch kann im militärischen Kontext auf der Makroebene (politisch-strategisch-operativ) das Unternehmen mit dem Gemeinwesen, dem Staat, gleichgesetzt

---

[86] Maria Theresia: Mündlicher Auftrag an FM Graf Daun. Historisch viel zitierter Ausspruch, mit Dokumenten nicht belegbar, 1751.

[87] Vgl. Pichlkastner, K.: Das Theresianische Führungsmodell, in: Armis et Litteris 32/2015, Wiener Neustadt 2015, S. 97.

[88] Vgl. Liessmann, Konrad Paul: In Wirklichkeit ist alles ganz einfach – Aufbau und Reduktion von Komplexität in sozialen Systemen, in: Armis et Litteris 7/2001, S. 18.

[89] Vgl. Sprenger, Reinhard: Radikal führen, Frankfurt am Main 2015, S. 18.

werden. Es handelt sich beim Gemeinwesen also um einen Zusammenschluss mehrerer Menschen, zum Zweck des guten Lebens und der Verteidigung vor Gefahren.

Dieser Zusammenschluss führt auch zur Vermehrung der Macht. Spinoza sieht den Einzelnen nicht in der Lage, sich im Zustand des Naturrechts selbst vor allen Bedrohungen zu schützen.[90] Unter diesem Gesichtspunkt kann das Unternehmen aber auch als die Teileinheit, die Einheit oder der Verband verstanden werden. Dies ist die unmittelbarere Mesoebene, die taktische Führung. Hinabsteigend auf die Mikroebene sind sicher die Kampfgemeinschaft und der unmittelbare Kamerad das „Unternehmen", dessen „Überleben" durch (gefechtstechnische) Führung zu erzielen ist.

Das Ziel der Führung ist dabei der Erfolg in der Überlebenssicherung. Die militärische Führung hat sich diesbezüglich an den möglichen besonderen Bedingungen des Einsatzes zu orientieren. In militärischen Organisationen geht die Leistung Einzelner meist in der Gesamtleistung auf.[91] Das bedeutet, dass das Militär um die Idee der Zusammenarbeit herum aufgebaut ist. Dabei geht es nicht um die Addition der Einzelleistungen, sondern die Leistung durch gleichzeitigen Einsatz aller.[92] Dies ist eines der wesentlichen Prinzipien, welches sich auch in der Taktik wiederfindet – der sogenannte Kampf der verbundenen Waffen.[93] Führung ist demnach das Ermöglichen von Zusammenarbeit.

Die wesentliche Triebfeder für die Zusammenarbeit, und damit die Grundvoraussetzung für Führung, ist eine gemeinsame Aufgabe, ein Problem. Um wieder Sprenger zu folgen, wird hier bewusst von Problemen und nicht unbedingt von Zielen gesprochen.[94] Das Problem ist der durchaus stärkere Begriff; und zwar ist jedes Problem ein Ziel, aber nicht jedes Ziel ein Problem.[95] Das Charakteristische an einem Problem, das zur Zusammenarbeit auffordert, ist die Tatsache, dass es alleine, wie bereits bei Spinoza angeführt, nicht bewältigbar ist. Dabei gilt, je fundamentaler es ist, umso mehr fördert es die Zusammenarbeit. Im militärischen Zusammenhang sind diese Problemstellungen oder besser Einsatzaufgaben so gestaltet, dass sie bis an die physischen und psychischen Grenzen heranführen.

---

[90] Vgl. Spinoza, Benedikt; Bartuschat, Wolfgang: Politischer Traktat. Lateinisch - deutsch = Tractatus politicus, 2. Aufl., Hamburg 2010, S. 17.

[91] Vgl. Pichlkastner, K.: Das Theresianische Führungsmodell, in: Armis et Litteris 32/2015, Wiener Neustadt 2014, S. 102.

[92] Vgl. Sprenger, Reinhard: Radikal führen, Frankfurt am Main 2015, S. 54.

[93] Vgl. BMLV: DVBH Truppenführung, Wien 2004, S. 147.

[94] Vgl. Sprenger, Reinhard: Radikal führen, Frankfurt am Main 2015, S. 58ff.

[95] Vgl. ebd., S. 60.

Trotz der Intensität einer Problemstellung muss diese als solche auch erkannt werden, sie muss quasi selbsterklärend sein. Wird ein Problem nicht als solches erkannt, fördert es keine Zusammenarbeit.[96] Dies ist auch bei der Ausbildung mit einzubeziehen. Äußerst komplexe Szenarien sind vor allem am Anfang der Führungsausbildung zu vermeiden, da sie die (eindeutige) Identifizierung eines Problems be- oder verhindern. Bei der Führung geht es also um die Überlebenssicherung im Rahmen einer zusammenarbeitsstiftenden Problemlösung, für die sich der militärische Führer entschieden hat.

Führung braucht also ein Problem, um überhaupt erst in Erscheinung zu treten. Führung steht also in Wechselwirkung zu einem Problem. Die Methode zur Lösung des Problems wird durch verschiedene Faktoren beeinflusst. Zum einen finden wir diese Faktoren in der Elementartaktik und der Führungslehre (taktische Prinzipien, Normen, taktische Verfahren, Einsatzgrundsätze, Formen des Manövers, Gefechtsbild und taktisches Führungsverfahren sowie Führungsprinzipien, Führungsgrundsätze) wieder, zum anderen sind sie in den realen Einsatzbedingungen begründet.

Sawkin führt dazu folgendes aus: „Die Einsicht in den Zusammenhang und die Wirkungsweise der Gesetze des Krieges und des bewaffneten Kampfes gestatten, die effektivsten Methoden und Verfahren zur gezielten Einflußnahme auf die Bedingungen zu finden, unter denen diese Gesetze wirken, und die bei gegebener Lage bestmöglichen Entschlüsse zu fassen und zu verwirklichen.“[97] Die taktischen Problemstellungen sind dabei immer in der Wechselwirkung von Kraft, Zeit und Raum zu verorten. Führung und Taktik bewegen sich aber auch zwischen Denken, Planen und Ausführen.[98]

Hier knüpft die Taktik direkt an. Mit dem „Taktischen Führungsverfahren“[99] wird eine Problemlösungsmethode angeboten, die die oben beschriebenen Eigenschaften in sich vereint. Daher ist die Taktik, als ein Teil der Führungsausbildung, ein wesentlicher Aspekt, um die Führungsfähigkeit der Offiziere zu entwickeln. Der dialektische Zusammenhang zwischen den beiden Begriffen Führung und Taktik ist schließlich die Truppenführung.[100] Die Vermittlung von taktischem Wissen berührt sowohl die Führungslehre,

---

96 Vgl. ebd., S. 59.

97 Sawkin, W. J.: Grundprinzipien der operativen Kunst und der Taktik, Militärverlag der Deutschen Demokratischen Republik, Berlin 1974, S. 7.

98 Vgl. Kunovjanek, Georg; Maier, Georg: Die militärische Führung im Lichte von Niccolo Machiavelli, in: Österreichische Militärische Zeitschrift, LIX. Jahrgang, Heft 5, Wien 2021, S. 555.

99 Vgl. BMLVS: DVBH Taktisches Führungsverfahren, Wien 2012, S. 17ff.

100 Vgl. BMLV: DVBH Taktischer Führungsprozess, Wien 2019, S. 15.

als auch die Taktik in gleicher Weise und ist somit als Teil der Truppenführung zu verstehen.

Das Methodenset, welches zur Vermittlung des Wissens in der Taktik zur Verfügung steht, ist sehr umfangreich. Zum einen ist es ebenen- und zum anderen funktionsbezogen. Neben diesem Ebenenbezug beschäftigen sich die Methoden der Lehre in der Taktik auch mit den Fragen nach dem Warum, Was und Wie der Taktik. Der Offizier muss wissen, warum Taktik für den Berufsvollzug wichtig ist. Dieses Warum zielt auf das Verstehen der Taktik als Problemlösungsmethode ab. Die Denkschule, die der Taktik zu Grunde gelegt ist, soll verstanden werden. Die Verbindung von empirischen und rationalen Elementen zu einer verantwortbaren Urteilskraft steht bei diesem Verstehen des Warums im Vordergrund.

Bei der Frage nach dem Was geht es um die grundsätzlichen Prinzipien, die der Taktikausbildung als Basis dienen. Welche Methoden begünstigen die Entwicklung von Führungskompetenz einerseits und andererseits welche Methoden oder Was aus der Taktik unterstützt die militärische Einsatzführung? Bei der Frage nach dem Wie geht es in erster Linie um die konkreten Arbeitstechniken, welche mit dem Methodenset der Lehre in der Taktik vermittelt werden. In der Offiziersgrundausbildung wird das taktische Fundament gelegt. Daher wollen wir hier einen Blick auf die Vermittlung der Wissensbasis in der Taktik werfen.

4.2 Von den Methoden der Lehre in der Taktik in der Offiziersgrundausbildung

In der Heranbildung der potenziellen Führungskräfte des Österreichischen Bundesheeres (ÖBH) werden die grundlegenden Elemente der Truppenführung vermittelt. Dies geschieht unter Ausnutzung eines Methodensets[101], welches dem Offizier am Ende des Bachelorstudienganges Werkzeuge an die Hand geben soll, die den Berufsvollzug ermöglichen.

---

101 Vgl. Keller, Jörg: Führung und Führer im Militär, in: Leonhard, Nina; Werkner, Ines-Jacqueline (Hrsg.): Militärsoziologie – Eine Einführung, VS Verlag, 2012, S. 484f.

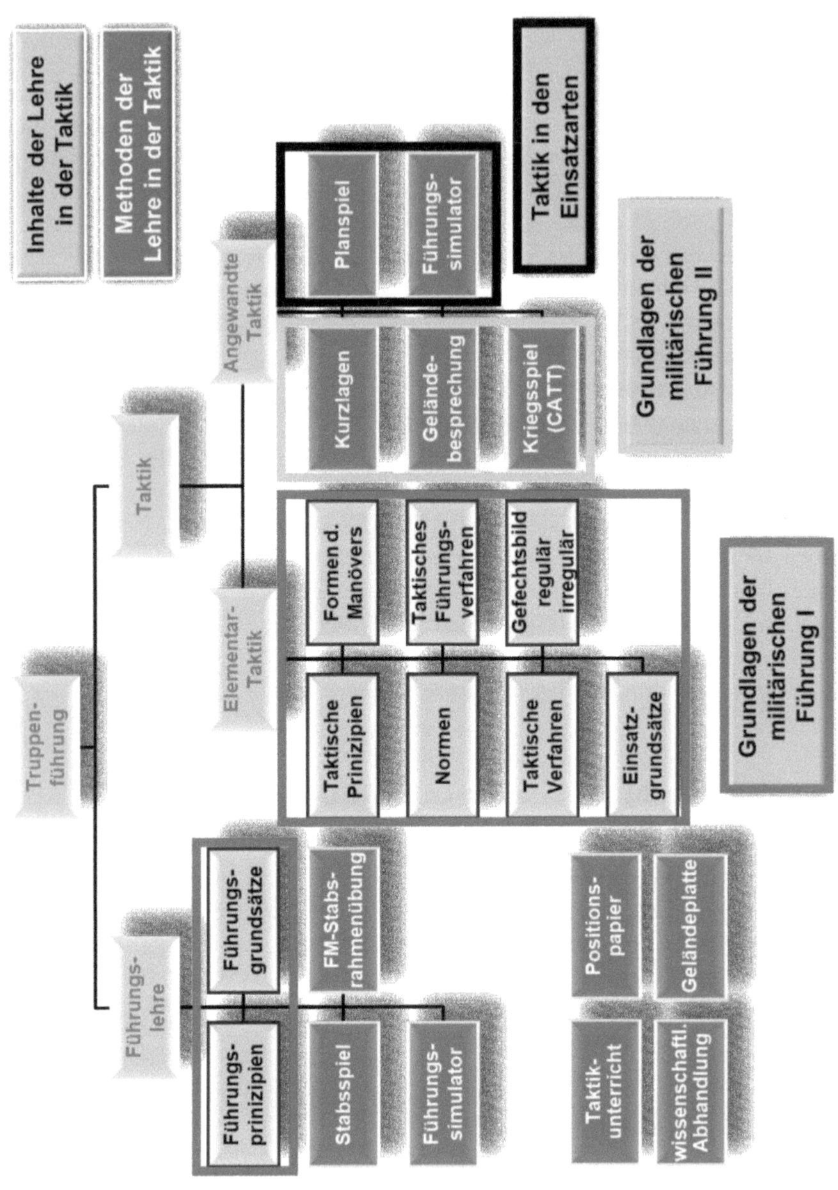

Abbildung 11: Die Methoden der Lehre in der Taktik und ihre Zuordnung in der Offiziersgrundausbildung[102]

102 Abbildung durch die Verfasser erstellt.

Dazu verfolgt die Lehre in der Taktik einen stetigen Wechsel zwischen Theorie und Praxis. Dabei wirkt die Ausbildung auf der gefechtstechnischen Ebene – Zug und Kompanie – unterstützend. Vor allem hier findet sich ein ausgeprägter Praxisbezug.

Im Folgenden werden die Methoden, welche in der Offiziersgrundausbildung, aber auch in der Fort- und Weiterbildung ihre Anwendung finden, dargestellt.

4.2.1 Vom Taktikunterricht

Die Unterrichtsform soll vor allem an die Thematik heranführen und die wesentlichen Grundlagen in einer theoretischen Art und Weise vermitteln. Um mit Hilfe des taktischen Führungsverfahrens Entscheidungen treffen zu können und diese in konkrete Handlungen umzusetzen, braucht es grundlegende Kenntnisse, welche in den Lehrveranstaltungen in Gestalt eines Unterrichts vermittelt werden. Unterstützt wird der Unterricht eines Vortragenden durch Elemente der Selbstaneignung, z.B. mit Hilfe von elektronisch bereitgestellten Unterlagen, in Form von computerunterstützten Ausbildungselementen (CUA).

Dazu zählen Unterrichte über Taktische Zeichen und deren grundlegende Anwendung oder etwa über das Gefechtsbild des ÖBH. Im Rahmen der Vermittlung der Grundlagen werden Inhalte auch selbst erarbeitet, präsentiert und im Anschluss darüber diskutiert. Wesentlicher Inhalt dieser Art der Vermittlung sind Themen aus der Führungslehre und der Elementartaktik. Der Taktikunterricht liefert so die Basis für die Anwendung der weiteren Methoden in der Ausbildung.

4.2.2 Vom Positionspapier und der wissenschaftlichen Abhandlung

Um die eigenständige Auseinandersetzung mit Inhalten der Truppenführung zu forcieren, werden durch die Studierenden kurze schriftliche Arbeiten verfasst, die einerseits der Steigerung der Ausdrucksfähigkeit des einzelnen dienen und andererseits die Vertiefung in ein bestimmtes Thema aus der Truppenführung verlangen. Die Herausforderung besteht darin, den Sachverhalt auf ein bis zwei Seiten darzustellen und dabei die Regeln für das Verfassen wissenschaftlicher Arbeiten anzuwenden und einzuhalten. Themen sind hier beispielhaft die Auseinandersetzung mit den Führungsprinzipien – Auftrags- und Befehlstaktik – oder etwa mit den taktischen Faktoren – Kraft, Zeit und Raum.

Im Rahmen der Erstellung von Seminararbeiten oder der Bachelorarbeit werden einzelne Militärakademiker immer wieder mit Aufgabenstellungen bzw. Themen aus der Taktik konfrontiert. Diese Methode wird zwar nicht auf alle Studierenden eines Jahrganges angewendet, führt aber zur vertiefenden Auseinandersetzung einzelner mit den entsprechenden Inhalten. Dabei werden beispielsweise historische Ereignisse aus taktischer Sicht analysiert und hinsichtlich unterschiedlicher Elemente aus der Führungslehre, der Elementartaktik oder der angewandten Taktik dargestellt.

4.2.3 Von der Geländeplatte und dem digitalen Sandkasten

Die erste Verbindung von theoretischen und praktischen Elementen in der Ausbildung in der Truppenführung ist die Vermittlung von Führungs- und Einsatzgrundsätzen in Situationen an der Geländeplatte. Dabei handelt es sich um eine Art Geländesandkasten, der mit Modellen von Gebäuden, Fahrzeugen, Bewuchs, etc. ausgestattet ist und auf einem Modellgelände erlaubt, unterschiedliche Szenarien darzustellen.

Abbildung 12: Die Taktikausbildung an der Geländeplatte[103]

[103] Quelle: https://www.milak.at/news/detail/gefreiter-kratky-an-der-militaerakademie [30.06.2023]

Hier wird den Offiziersanwärtern erstmals der Bezug von vor allem Kraft und Raum, aber auch Zeit nähergebracht.[104] Anhand von Standardszenarien werden die Grundsätze dargestellt, erläutert und so auf dem Modell erste Bilder erzeugt, die dem Verständnis der Auszubildenden dienen.

Abbildung 13: Der digitale Sandkasten, die digitale Geländeplatte[105]

Die Geländeplatte kann auch in Verbindung mit anderen Vermittlungsmethoden wie den Kurzlagen zur Anwendung gelangen. Auch in einer digitalisierten Variante kann die Geländeplatte umgesetzt werden. Im Rahmen der Implementierung von Mixed Reality (z.B. Microsoft Hololens) in die Führungsausbildung gibt es die Anwendung eines digitalen Geländesandkastens[106], welcher es ermöglicht, auf dieser digitalen Oberfläche Szenarien darzustellen und interaktiv durchzuarbeiten.

---

[104] Vgl. Gächter, Yves; Meier, Christoph: Ausbildung am Geländemodell – der Sandkasten, in: Allgemeine Schweizerische Militärzeitschrift, Schweizerische Offiziersgesellschaft (Hrsg.), 189. Jahrgang, 4/2023, Volketswil 2023. S. 11f.

[105] Quelle: https://www.realsim.info/commandsystem [05.01.2023]

[106] Vgl. Gächter, Yves; Meier, Christoph: Ausbildung am Geländemodell – der Sandkasten, in: Allgemeine Schweizerische Militärzeitschrift, Schweizerische Offiziersgesellschaft (Hrsg.), 189. Jahrgang, 4/2023, Volketswil 2023. S. 13.

4.2.4 Von den Kurzlagen

In der Ausbildung der Offiziere des ÖBH wird sehr viel Wert auf die Vermittlung des Prozesses zur Entscheidungsfindung gelegt. Hier liegt der Fokus auf der Anwendung des taktischen Führungsverfahrens mit den stabsdienstlichen Werkzeugen. Das heißt, es werden alle Schritte des Planungsprozesses mit einer großen Tiefe durchlaufen. Vor allem in der Offiziersgrundausbildung stellt sich jedoch die Frage nach den Anforderungen hinsichtlich der Werkzeuge zur Entscheidungsfindung an die frisch ausgemusterten Offiziere in ihrer Erstverwendung.

Diese ist ohne Zweifel auf der gefechtstechnischen an der Schnittstelle zur taktischen Ebene. Die Sichtbarmachung des Prozesses im Kommandantenverfahren[107], auch als verkürztes Führungsverfahren bezeichnet, ist hierbei die große Herausforderung. Zusätzlich muss hier auch die Prozessorientierung zu Gunsten einer Ergebnisorientierung etwas hintangestellt werden. Der Vorteil der Anwendung des verkürzten Führungsverfahrens, im Rahmen der Bearbeitung der Kurzlagen, ist die Erhöhung der Anzahl an Entscheidungsfindungen, im Vergleich zur klassischen Vermittlung des gesamten Planungsverfahrens im Rahmen des taktischen Führungsverfahrens.

Kurzlagen zeigen (mittels einer Prinzipskizze) ein Szenario mit der Beschreibung der Situation (auf nur einer Seite) und liefern so die Grundlage für die Lösung dieser kurzen Ausgangslage. Ziel der Bearbeitung von Kurzlagen ist der Entschluss mit Begründung. Dabei wird vor allem das „Verstehen lehren" in den Mittelpunkt der Vermittlung gestellt.

Dazu werden im Rahmen der Kurzlagen einfache Ausgangsszenarien mit vielen Variationsmöglichkeiten genutzt, um auch hier, nicht nur im Rahmen der angewandten Taktik, Lösungswege zu finden, sondern auch die Elemente der Führungslehre und Elementartaktik weiter zu schärfen. Der Transfer der im Lehrsaal theoretisch behandelten Kurzlagen ins Gelände stellt dabei eine weitere Steigerung der Anforderungen an die Studierenden dar.

---

107 Vgl. BMLVS: DVBH Taktisches Führungsverfahren, Wien 2012, S. 21ff.

Stabilisation Operation

39

Situation of MVR Bn 23 on 201301 mar

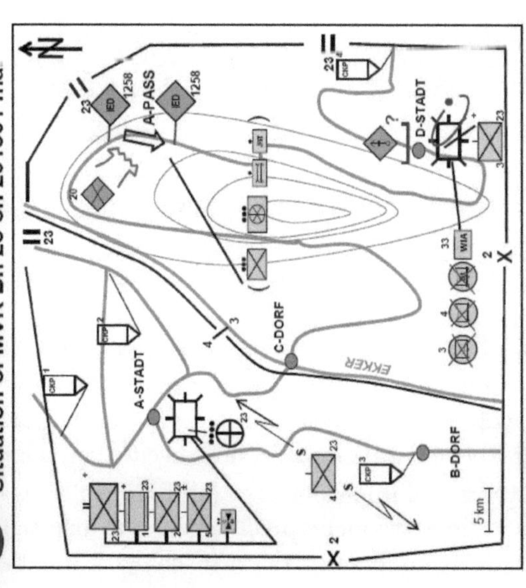

2 MVR Bde (DEU) with four MVR Bns stabilises an area of 120 km x 160 km within the framework of a robust mandate. The Bde exercises command and control over a medical company with a mobile surgical hospital (105 km east of A-STADT) and AIRMEDEVAC forces.
MVR Bn 23 with four Inf Coys (MRAV) stabilises its AOO from two camps and is reinforced by two JFSTs, two AEPTs and two CH-53 helicopters. The AOO is outside the range of friendly arty, but JFSTs always have a CH flight at their disposal (15 min NTM).

Forces of MVR Bn 23

Camp A-STADT:
- 1st Coy/ MVR Bn 23 conducts convoy with Trans Plt, reinf by Inf Plt and one JFST to provide support to 3rd Coy/ MVR Bn 23,
- 2nd Coy/ MVR Bn 23, reduced by one Inf Plt, secures the camp,
- 4th Coy/ MVR Bn 23 operates CKP 1 to CKP 3 and surveils western AOO,
- 5th Coy/ MVR Bn 23, reduced by one Inf Plt, reinforced by one AEPT, as Bn Res (30 min NTM),
- two CH-53 helicopters, 20 min NTM.

Camp D-STADT:
- 3rd Coy/ MVR Bn 23, reinforced by one Inf Plt, one JFST, one AEPT and one Trans Sqd for bulk supplies operates CKP 4 with one Inf Plt.

Situation Development:

CDR MVR Bn 23 is at operations centre in Camp A-STADT and receives following reports:

10:05 hrs from Convoy CDR:
"Passed C-DORF. Continue movement towards D-STADT."

12:54 hrs from Cdr 3rd Coy/ MVR Bn 23:
"Indirect ENY fire from presumed ENY position north of D-STADT against eastern part of camp. Will determine casualties and report again soon."

12:58 hrs from Convoy CDR:
"Own position A-PASS, approx. 45 km in front of D-STADT. ATK of irregular forces with a strength of 20 repelled, no casualties. Mountain pass not passable due to blasting of the hill in front of and behind the convoy. Require support for clearing the road, will secure convoy."

13:01 hrs from CDR 3rd Coy/ MVR Bn 23:
"Numerous casualties, no KIAs. 33 WIA determined up to now, 8 of whom severely injured. Three MRAVs, four trucks and one field kitchen inoperative.. I´am going to recover and provide medical care to casualties. Require medical support."

Mission:

Decision incl. rationale of CDR MVR Bn 23.

Abbildung 14: Ein Beispiel einer Kurzlage/Hosentaschenlage[108]

108 Quelle: Offiziersschule des Heeres der Deutschen Bundeswehr.

4.2.5 Von der Geländebesprechung und der Führungsübung

Diese Methode der Wissensvermittlung kommt, sowohl auf der taktischen als auch auf der gefechtstechnischen Ebene, zur Anwendung und ist im Wesentlichen eine Fortführung der beiden oben beschriebenen Methoden. Auf der taktischen Ebene werden die bereits im theoretischen Teil behandelten Kurzlagen ins Gelände transferiert und durch den Einblick in Selbiges zur Verbildlichung der Inhalte genutzt.

Abbildung 15: Offiziere bei einer Geländebesprechung[109]

Die Beurteilungen werden, mit Unterstützung einer Handkarte und unter Anwendung des verkürzten Planungsverfahrens, durch- und einer Lösung zugeführt. Der Fokus liegt hier in der, auf das Gelände bezogenen, richtigen Umsetzung der in den Grundlagenunterrichten vermittelten Grundsätzen und Prinzipien.[110] Auf der gefechtstechnischen Ebene werden diese Grundlagen, auf Ebene der Kompanie, noch weiter verdichtet.[111]

Dies wird durch diverse Führungsübungen (im Rahmen eines Führungstrainings) unterstützt. Die Geländebesprechungen auf taktischer Ebene haben zum Ziel, vor allem im Bereich des Entschlusses mit Begründung

[109] Quelle: https://www.milak.at/news/detail/meist-kommt-es-anders-als-geplant-20 [30.06. 2023]

[110] Vgl. Königshofer, Josef Franz: Unsere Verantwortung – Leistung fordern – Persönlichkeit fördern. Prinzipien, Methoden und Anforderungen im Führungstraining, Theresianische Militärakademie, Wr. Neustadt 2015, S. 18ff.

[111] Vgl. BMLVS: DVBH Taktisches Führungsverfahren, Wien 2012, S. 20.

und der daraus resultierenden Befehlsgebung (Gefechtsbefehl) die Kompetenzen der Militärakademiker zu verbessern.

Abbildung 16: Mixed Reality-Darstellung bei einer Geländebesprechung[112]

Auch hier gibt es eine digitale Unterstützung (Holopackage der Firma Realsim) mittels Mixed Reality.[113] Dabei werden Hologramme in das Sichtfeld der Studierenden eingespielt, die so reale Bilder liefern und die entsprechenden Führungshandlungen auslösen.[114]

4.2.6 Vom Kriegsspiel

Das Kriegsspiel wird als Vermittlungsmethode in der Taktik, auf unterschiedlichen Plattformen, genutzt. Zum einen dient es der Überprüfung von Planungsergebnissen und zum anderen hilft es in der Phase der Entscheidungsfindung, diese auch zu treffen.[115] Die Plattformen, die dafür zur Verfügung stehen, können Simulationssysteme (Combined Arms Tactical Trainer – CATT), die Geländeplatte, der Geländesandkasten, die Karte oder

---

[112] Quelle: https://www.realsim.info/holopackage-defense [05.01.2023]

[113] Vgl. https://www.realsim.info/newpage05130f9e [13.09.2021]

[114] Vgl. gutelehre.at/projekt?tx_gutelehre_default%5Baction%5D=show&tx_gutelehre_default%5Bcontroller%5D=Project&tx_gutelehre_default%5Bproject%5D=1367&cHash=bc7968a4d00916c06203ea50e137b5de [13.09.2021]

[115] Vgl. Holenweger, Michael; Demont-Biaggi, Florian; von Felten, Sarah: Führen in Zeiten der Digitalisierung, Herbsttagung MILAK 2022, Zürich 2022, S. 106ff.

aber auch ein abstraktes Spielfeld sein.[116] Interessant ist vor allem Letzteres, weil hier nicht die Unterstützung der Entscheidungsfindung oder die Überprüfung/Synchronisation einer getroffenen Entscheidung im Fokus stehen, sondern das Kennenlernen und Anwenden von Grundsätzen und Prinzipien – im Wesentlichen das Zusammenspiel von Kraft, Zeit und Raum.

Abbildung 17: Die Führungsausbildung mittels CATT[117]

Es kann im Rahmen des abstrakten Kriegsspiels, sowohl in Einzel- als auch in Stabsarbeit, eine Aufgabenstellung bearbeitet und dabei das Hauptaugenmerk auf die oben genannten Grundsätze gelegt werden. Zwei Parteien treten dabei gegeneinander an und folgen bestimmten, vorher festzulegenden Regeln. Dabei geht es um eine ständige Abgleichung von Soll- und Ist-Zustand. Basierend auf diesem Soll-Ist-Vergleich werden dann die entsprechenden Entscheidungen durchgespielt.[118] Es geht hier im Wesentlichen um die Umsetzung von Beurteilungen in konkrete Handlungen. Dabei werden auch die zur Verfügung stehenden Mittel synchronisiert. Der Ausbildungswert der abstrakten Variante liegt darin, dass aufbauend auf verschiedene Szenarien, verschiedene Grundsätze und Prinzipien sichtbar gemacht werden.

---

[116] Vgl. Hill, David: DGTRADOC's Professional Gaming List 2022, 2022. https://cove.army.gov.au/article/dgtradocs-professional-gaming-list-2022 [19.01.2023]

[117] Quelle: https://www.milak.at/news/detail/default-fd47e2e72c [30.06.2023]

[118] Vgl. Gächter, Yves; Meier, Christoph: Ausbildung am Geländemodell – der Sandkasten, in: Allgemeine Schweizerische Militärzeitschrift, Schweizerische Offiziersgesellschaft (Hrsg.), 189. Jahrgang, 4/2023, Volketswil 2023. S. 18.

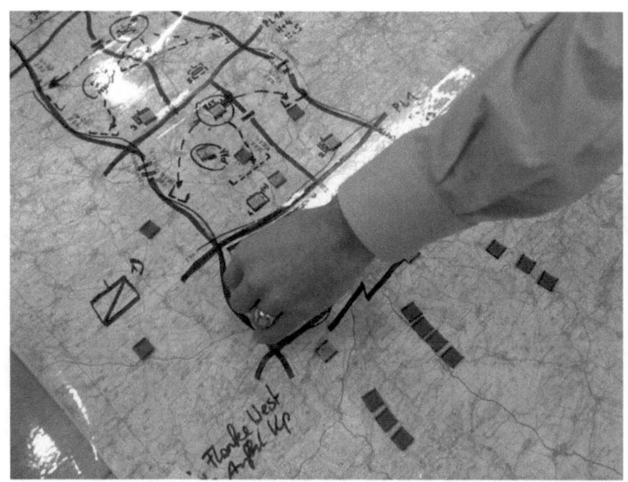

Abbildung 18: Das Kriegsspiel auf einer Militärkarte[119]

So kann zum Beispiel der Führungsgrundsatz „klares Ziel“ oder „Schwergewichtsbildung“ sehr anschaulich in einem Kriegsspiel vermittelt und gezeigt werden. Diese abstrakte Methode kann auch konkret in das Gelände übertragen werden und so die Führung sowie die damit einhergehenden Prinzipien, Grundsätze und Gesetze erlebbar machen.[120] Das Kriegsspiel kann somit in der Lehre von Beginn an zum Einsatz gebracht werden.

4.2.7 Vom Planspiel

Mit dem Planspiel – bestehend aus einer schriftlichen und einer graphischen Ausgangslage – kann die Schulung von Kommandanten und Stäben, aber auch die Ausbildung der künftigen Offiziere im Bereich der Taktik betrieben werden. In der klassischen Taktikausbildung werden die Inhalte mit Masse unter Zuhilfenahme dieser Methode vermittelt. Die „Taktiklage“ erlaubt es, alle Teilschritte des Planungsverfahrens, auf Basis einer konkreten Aus-

---

[119] Quelle: Autoren.

[120] Vgl. https://gutelehre.at/projekt?tx_gutelehre_default%5Baction%5D =show&txgutelehredefault%5Bcontroller%5D=Project&tx_gutelehre_default%5Bproject%5D=1039&cHash=38ddd86c4eed1ef5ebcb7e0c6451f009 [13.09.2021]

gangslage, zu bearbeiten. Es fördert dabei vor allem das Verständnis für das Zusammenspiel der einzelnen Beurteilungsschritte zu einem Ergebnis.

Abbildung 19: Die Bearbeitung eines Planspiels[121]

Hier geht es zwar nicht darum, die Entscheidungsfreude zu fördern, sondern darum, die Werkzeuge dieser Methode kennenzulernen und entsprechend anwenden zu können. Während bei den Kurzlagen klar das Planungsverfahren vom Typ „C“ (Kommandantenverfahren) im Fokus steht, geht es im Planspiel um die Anwendung des Planungsverfahrens vom Typ „A“, entweder im Rahmen eines Stabsspiels oder in der Einzelausbildung der Offiziere, unter Zuhilfenahme der stabsdienstlichen Werkzeuge.[122]

4.2.8 Vom Führungssimulator

Anders als beim Kriegsspiel mittels CATT ist die Führungssimulation (basierend auf einem computergestützten Simulationsprogramm) auf die Umsetzung der Führungsprozesse in Handlungen ausgerichtet, deren Auflösungsgrad bei weitem nicht das gefechtstechnische Detail des CATT umfasst. Der Führungssimulator erreicht daher von seinem Auflösungsgrad nicht die Ebene der Gefechtstechnik, sondern ist eindeutig der taktischen

---

[121] Quelle: Autoren.

[122] Vgl. BMLVS: DVBH Taktisches Führungsverfahren, Wien 2012, S. 22.

Ebene zuzuordnen. Es werden damit auch nicht die Bilder vermittelt, die man vor allem in der Offiziersgrundausbildung zu vermitteln hat.

Abbildung 20: Die Führungsausbildung am Führungssimulator[123]

Primär wird das Führen im Gefecht mit dieser Methode nähergebracht und gefördert.[124] In der Führungssimulation können somit alle Entscheidungsprozesse, aber auch die Entscheidung unterstützende Handlungen – etwa des Bataillons- oder Brigadestabes – abgebildet und durchgeführt werden.

4.2.9 Von der Truppenübung und dem Führen im Gefecht

Im Rahmen der Offiziersgrundausbildung erfolgt das praktische Üben im Felde, vor allem auf der gefechtstechnischen Ebene, im Rahmen der Führungsausbildung im Truppenoffizierslehrgang (außerhalb des akademischen Rahmens des Fachhochschul-Bachelorstudienganges). Trotzdem kommen auch auf dieser Ebene – zwar grundsätzlich drillmäßige Verfahren – die taktischen Grundsätze zur Anwendung.

Das Führen im Gefecht ist somit die alle anderen Methoden aufnehmende Entwicklung der Führungskompetenz in Bezug auf konkrete Führungshandlungen.

---

[123] Quelle: https://www.milak.at/news/detail/joint-action-2019 [30.06.2023]

[124] Vgl. Holenweger, Michael; Demont-Biaggi, Florian; von Felten, Sarah: Führen in Zeiten der Digitalisierung, Herbsttagung MILAK 2022, Zürich 2022, S. 111ff.

Abbildung 21: Der Zugskommandant führt im Gefecht[125]

Diese Methode vervollständigt das Methodenset, auf der einen Seite ausgehend von der theoretischen Vermittlung hin zur angeleiteten, reflektierten praktischen Umsetzung auf der anderen Seite. Nun soll kurz dargestellt werden, wie und vor allem wann die hier beschriebenen Methoden ihre Anwendung in der Offiziersgrundausbildung finden können.

4.3 Von der Anwendung der Methoden in der Offiziersgrundausbildung

Im Rahmen der Offiziersgrundausbildung werden die beschriebenen Methoden, zu unterschiedlichen Zeitpunkten, mit unterschiedlichem Zweck, angewendet. Im Wesentlichen geht es aber neben diesem Methodenset auch um die Frage, worauf in der Führungsausbildung – diese bedient sich der Taktik als Hauptwerkzeug – der Fokus zu legen ist. Hier gilt es abzuwägen, ob nun der Prozess oder das Ergebnis im Vordergrund stehen sollte. Da die Ausbildung an der Militärakademie zuallererst die notwendigen Kompetenzen für die Führungstätigkeit der jungen Offiziere schärfen soll, muss zuerst einmal geklärt werden, welche Kompetenzen dies nun sind.

Erst dann kann die Ausbildung, je nach Notwendigkeit, auf das eine oder andere ausgerichtet werden. Im Kompetenzatlas von Heyse und Er-

125 Quelle: https://www.milak.at/news/detail/default-fd47e2e72c [30.06.2023]

penbeck finden wir vier Kompetenzbereiche – Personale Kompetenz, Aktivitäts- und Handlungskompetenz, Sozial-kommunikative Kompetenz, Fach- und Methodenkompetenz – ‚aus denen heraus die jeweiligen Kompetenzen auszuwählen sind.[126] Hier stechen einige für den Offiziersberuf relevante Teilkompetenzen hervor. Selbstmanagement, Ausführungsbereitschaft, Belastbarkeit, ergebnisorientiertes Handeln, Entscheidungsfähigkeit, systematisch-methodisches Vorgehen, Beurteilungsvermögen, Planungsverhalten, Problemlösungsfähigkeit und Gewissenhaftigkeit sind jene Kompetenzen, die für die Tätigkeit als Offizier, aus den 64 Teilkompetenzen, besonders beachtenswert erscheinen.[127] Letztlich sollen diese Teilkompetenzen durch die Anwendung der Taktikausbildung verbessert werden.

Daraus lässt sich aber auch ableiten, dass zum Beispiel die Verbesserung der Entscheidungsfähigkeit durch Anwendung der Methode der Kurzlagen besonders gefördert wird, hier aber gleichzeitig der Fokus nicht so sehr am Prozess, sondern am Ergebnis liegt. Andererseits haben wir zur Förderung des systematisch-methodischen Vorgehens die Methode des Planspiels, welche eine Grundausrichtung am Prozess erfordert. Genauso wie ein steter Wechsel zwischen Theorie und Praxis zu erfolgen hat, muss auch ein Wechsel zwischen Ergebnis- und Prozessorientierung erfolgen, um die für den Offiziersberuf relevanten Kompetenzen weiterzuentwickeln. Die oben genannten Teilkompetenzen könnte man auch unter der Bezeichnung „Führungskompetenz“ zusammenfassen.

Kann man nun mit den beschriebenen Methoden das sogenannte Bauchgefühl, welches meist am Anfang eines Entscheidungsprozesses steht, positiv ausprägen, um Abläufe schnell und vor allem in ihren Ergebnissen anwendbar zu machen? Rasche und vor allem brauchbare Beurteilungsverfahren bedingen einen Erkenntnisvorrat und sind damit in gewisser Weise beeinflussbar und nicht von der Natur gegeben.[128] So kann durch das Durchlaufen verschiedener Szenarien ein gewisser Erfahrungsschatz, in Bezug auf das Treffen von Entscheidungen, geschaffen werden. Dieser ist umso gewinnbringender, je vielfältiger die Szenarien und Situationen waren, in denen diese Erfahrungen gesammelt wurden. Dies deshalb, weil die verschiedenen Situationen verhindern, einem bestimmten Schematismus anheim zu fallen.

---

126 Vgl. Heyse, Volker; Erpenbeck, John: Kompetenztraining, 64 Informations- und Trainingsprogramme, Stuttgart 2004, S. XIV.

127 Vgl. ebd., S. XXI.

128 Vgl. Gigerenzer, Gerd: Bauchentscheidungen, Die Intelligenz des Unbewussten und die Macht der Intuition, Goldmann, München 2008, S. 27.

Die Gefahr, die bei dieser Form der Entscheidungsfindung entsteht, falls man sich nicht verschiedener Szenarien bedient, ist die Generierung eines Schemas, welches vermeintlich zu erfolgreichen Lösungen führt. Je allgemeiner dieses Schema ist, weil die Situationen, aus denen es ableitbar ist, kein spezifisches Schema zulassen, umso besser ist es für eine adaptive Anwendung in unterschiedlichen Entscheidungssituationen.[129] Im Rahmen der Taktik und des taktischen Planungsverfahrens kann sich ein solches Schema nur an der Elementartaktik orientieren. Hier sind die Grundsätze und leitenden Prinzipien verankert. Diese einzuhalten hilft Entscheidungen nachvollziehbar zu gestalten, auch wenn der Prozess des Planungsverfahrens verkürzt angewendet wird. Die Bauchentscheidung folgt somit auch den Grundzügen des Planungsverfahrens, aber auf einer unterbewussten, durch Erfahrung eingelernten – evolvierten – Ebene.

Neben der Mischung von Theorie und Praxis, von Prozess- und Ergebnisorientierung, stellt auch der Wechsel zwischen den verschiedenen Ebenen eine Bereicherung hinsichtlich des Erfahrungslernens dar. Dabei ist die Interaktion der Ebenen – taktische und gefechtstechnische Ebene – besonders wichtig. Zu sehen welche Auswirkungen die Planung der übergeordneten auf die untergeordnete Führung hat und dies im Rahmen der Ausbildung im Rahmen der Gefechtstechnik praktisch zu erfahren, ist von großem Wert für die Heranbildung einer Verantwortung für die eigenen Entscheidungen. Letztendlich dienen alle diese Ausbildungsbausteine dem einen Zweck, eine Denkschule zu vermitteln und damit ein taktisches Grundverständnis herzustellen, auf dem in der Fort- und Weiterbildung der Offiziere aufgebaut werden kann.

4.4 Vom didaktischen Grundkonzept in der Taktikausbildung

Die Abfolge von Theorie und Praxis ist wesentlich für die Entwicklung eines Wiedererkennungsgedächtnisses. Die Verbesserung der evolvierten Fähigkeiten des Gehirns ist abhängig von diesem Wechselspiel. In der Heranbildung militärischer Führungskräfte werden die Erfahrungen mit einer starken Praxisorientierung gesammelt und fließen dann wieder in die Theorie ein.

Das Zusammenspiel der verschiedenen Ebenen der Führung ist dabei zentraler Bestandteil der Ausbildung. Es werden damit (fast) alle Ebenen der Führung behandelt. Man schreitet vom Denken über das Planen bis hin zum konkreten Tun durch alle Ausprägungen der Führung, um letztendlich

---

[129] Vgl. ebd., S. 69f.

wieder beim Denken anzuknüpfen. Das Denken ist vor allem theoretischer Natur, die Planung verbindet schließlich die Theorie mit der Praxis und im Tun offenbart sich die praktische Umsetzung von Führung. Mit der Rückkoppelung in das Denken, fließen die praktischen Erkenntnisse wieder in die Theorie mit ein.

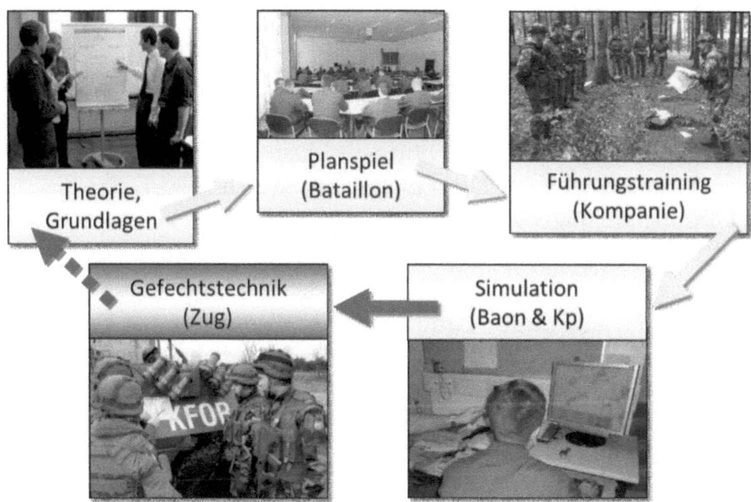

Abbildung 22: Von der Theorie zur Praxis in der didaktischen Grundkonzeption[130]

Der Aufbau von Erfahrung ist aber in der Umsetzung, im Rahmen des Führungshandelns, immer zu koppeln mit einer entsprechenden Entscheidungsdistanz und der daraus resultierenden Führungsruhe. Die unreflektierte Anwendung eines durch Erfahrung erworbenen Handlungsmusters führt nicht unbedingt zu einer erfolgreichen Führungshandlung. Dies liegt vor allem darin begründet, dass jede Führungssituation individuell ist. Sie können zwar Ähnlichkeiten aufweisen, sind aber nie gleich. Je weiter man die Führungsebenen nach unten schreitet, umso mehr kann auf drillmäßig erworbene Erfahrungen zurückgegriffen werden.

Hier sind die zeitlichen Parameter so knapp bemessen, dass die Umsetzung entsprechender Handlungen keine langen Reflexionen zulässt. Umso wichtiger ist es, auf diesen Ebenen diese Handlungen durch oftmaliges

130 Abbildung durch die Verfasser erstellt.

Üben, in unterschiedlichen Situationen, zu festigen. Letztlich soll durch den Drill die unterbewusste Anwendung des intersubjektiv nachvollziehbaren Entscheidungsprozesses verinnerlicht werden.

Betrachtet man also die Abfolge der didaktischen Grundkonzeption im Detail, so finden alle Methoden aus dem oben beschriebenen Methodenset ihre Anwendung. In der Phase der Vermittlung von theoretischen Grundlagen werden, ausgehend von den Grundlagen der militärischen Führung, die wesentlichen rechtlichen Grundlagen und strategischen Konzepte, die dem Einsatz des Militärs als Basis dienen, vermittelt. Neben diesem strategischen Überbau erfolgt zusätzlich in der Theorie die Auseinandersetzung mit den grundsätzlichen Verfahren zur Führung.[131] Dabei wird dem Führungsbegriff auf den Grund gegangen. Die Behandlung verschiedener, für die militärische Führung wichtiger Definitionen in einem geschichtlichen, philosophischen Kontext rundet die theoretischen Grundlagen zum Führungsbegriff ab.

Die Umsetzung dieser Grundlagen in Planspielen zu den jeweiligen Einsatzarten (Angriff, Verteidigung, Verzögerung, Schutz und multinationaler Einsatz)[132] auf Bataillonsebene schafft die Voraussetzungen zur ersten praktischen Umsetzung des Führungshandelns auf Ebene der Kompanie im Gelände. Hier stehen die Planung und die entsprechende Befehlsgebung im Fokus.[133] Durch die Abfolge vom Bataillon zur Kompanie wird das Verständnis für die Absicht der übergeordneten Ebene geschaffen. Diese Konzeption zieht sich durch bis zur gefechtstechnischen Ebene des Zuges. Hier werden erstmals Soldaten im Rahmen von Übungen im Gelände auf dieser Ebene geführt. Als Zwischenschritt und Ergänzung werden, für die Ebene Bataillon und Kompanie, Simulationssysteme zur Verdichtung der Praxis eingesetzt.

Der Rückfluss der Erkenntnisse und Erfahrungen aus Theorie und Praxis in eine weitere theoretische Auseinandersetzung mit der militärischen Führung ist in dem vorliegenden didaktischen Grundkonzept für die potentiellen Führungskräfte durch eine vertiefende Bearbeitung eines Führungs-(Taktik-)Themas im Rahmen der Erstellung einer wissenschaftlichen Arbeit möglich.

---

[131] Vgl. BMLV: Studienplan und Curriculum FH-BaStg „Militärische Führung", Arbeitsbehelf, Wiener Neustadt 2017, S. 53ff.

[132] Vgl. ebd., S. 15ff.

[133] Vgl. Pilles, Oliver: Problem Based Learning im Dialog am Anwendungsbeispiel „Führungstraining", in: Unser didaktisches Geschick, Armis et Litteris 35/2016, Wiener Neustadt 2016, S. 244ff.

4.5 Von der Rolle der Intuition in der Taktikausbildung

Dabei geht es nicht darum, das Ergebnis über den Prozess zu stellen, sondern um die Darstellung, dass selbst einer vermeintlichen Bauchentscheidung ein Prozess zugrunde liegt. Bei der Anwendung des Planungsverfahrens „A" – dem stabsdienstlichen Planungsverfahren – ist der Prozess klar und sichtbar.[134] Die Einzelschritte werden nach tradierten Überlieferungen, teilweise in Lehrskripten zusammengefasst, vermittelt und zur Anwendung gebracht. Die Ausführung der Einzelschritte ist zwar nicht normiert – im Sinne einer Regelung in einer verbindlichen Vorschrift – aber im Großen und Ganzen in verschiedenen Lehrskripten klar geregelt. Hier ergeben sich nur stabsspezifische Unterschiede, da die Produkte des Planungsverfahrens und seiner Einzelschritte ja eben nur im jeweiligen Stab interpretationsfrei verstanden werden müssen.

Anders sieht dies beim Planungsverfahren „C" – dem Kommandantenverfahren – aus. Hier „passieren" die Schritte teilweise im Verborgenen und scheinen damit auch keinem klaren Verfahren zu folgen. Der Entschluss mit Begründung liefert nach einem verkürzten Verfahren – mit unterschiedlich verwendeten Einzelschritten, abhängig von der Situation – ein Planungsergebnis nach relativ kurzer Beurteilungszeit. Meist gleicht ein in kurzer Zeit gefasster Entschluss einem Bauchgefühl und scheint einer gewissen Intuition zu folgen. Egal ob nun das Planungsverfahren „A" oder „C" zur Anwendung gelangt, gibt es mindestens drei Schritte, die zu durchlaufen sind.

4.5.1 Vom intersubjektiv nachvollziehbaren Entscheidungsprozess

Auf der Verstandesebene gilt es zunächst, die Faktenlage darzustellen. Dieser erste Schritt ist empirischer Natur und dem Ansprechen im sogenannten taktischen Dreiklang[135] gleichzusetzen. Als nächsten Teil gilt es nun, die Situation mittels der Vernunft abzuwägen. Die Rationalität hilft hier das Vorliegende einer Bewertung zuzuführen. Dies repräsentiert den zweiten Aspekt des taktischen Dreiklangs. Darauf folgt die Entscheidungsfindung durch die auf den beiden ersten Schritten fußende Urteilskraft. Vermittels dieser komme ich zur begründeten[136] Folgerung bzw. zum Entschluss meines Beurteilungsprozesses. Dies ist der dritte Schritt des taktischen Drei-

---

134 Vgl. BMLV: DVBH Taktischer Führungsprozess, Wien 2019, S. 91ff.

135 Vgl. BMLVS: DVBH Taktisches Führungsverfahren, Wien 2012, S. 18.

136 Anm. d. Verf.: Die Begründung liegt darin, dass der Entscheider Antwort geben können muss in Bezug auf seine Entscheidung. Hier stehen neben den Prinzipien und Grundsätzen taktischer Natur vor allem ethisch-moralische Aspekte im Vordergrund.

klangs.[137] Dieses Verfahren[138] ist im grundsätzlichen Aufbau intersubjektiv, wird aber im Einzelnen, durch die jeweilige Führungskraft unterschiedlich, mit Leben erfüllt.

Auch in der neuropsychologischen Betrachtung der Entscheidungsfindung nach Schiebener und Brand, vor allem in Situationen, die einem gewissen Risiko unterliegen, findet sich diese Dreiteilung wieder. Ausgehend von einer Problemstellung stehen dem Gehirn zwei sich gegenseitig beeinflussende Sub-Systeme zur Verfügung.[139] Der innere Entscheidungsprozess greift dabei auf ein sogenanntes impulsives und ein reflektives System zurück.[140] Der rationale Teil der Entscheidungsfindung wird durch eine emotionale Komponente ergänzt. Ohne die emotionale Komponente, also ohne das Einfließen von Gefühlen oder Stimmungen, wird im Bewertungsteil des taktischen Dreiklangs auf zwei Bereiche des Gehirns zugegriffen.

Die exekutiven Funktionen und der Arbeitsspeicher liefern im Zusammenwirken eine Bewertung der Entscheidungssituation und deren Parametern.[141] Diese Bewertung führt zu Lösungsstrategien, welche sich dann in einer Entscheidung manifestieren. Die Verbindung von Erfahrungen – aus dem Arbeits- und Langzeitgedächtnis – einerseits und der Fähigkeit Situationen zu analysieren andererseits liefert uns den allen Entscheidungen zu Grunde liegenden Baustein der Entscheidungsfindung.[142]

Diese Betrachtung findet sich auch in den Schritten des Kommandantenverfahrens, auch wenn diese nicht bis ins Detail ausformuliert und genau dokumentiert sind. Auf Grund der fehlenden Dokumentation des Verfahrens findet Anwendung, was in der Situation auch Sinn macht. Hier lässt sich auch die Verbindung zum klassischen Bauchgefühl herstellen.

Dieses besteht laut Gigerenzer aus zwei Elementen: einfachen Faustregeln und der Verarbeitung dieser durch die evolvierten Fähigkeiten des Ge-

---

137 Anm. d. Verf.: Der taktische Dreiklang besteht aus den Schritten Ansprechen, Bewerten und Folgern. Diese Systematik findet sich in allen Schritten des Taktischen Planungsverfahrens wieder, stellt aber für sich genommen die Kernpunkte einer Entscheidungsfindung dar.

138 Vgl. Kunovjanek, Georg; Maier, Georg: Die militärische Führung im Lichte von Niccolo Machiavelli, in: Österreichische Militärische Zeitschrift, LIX. Jahrgang, Heft 5, Wien 2021, S. 560.

139 Vgl. Schiebener, Johannes; Brand, Matthias: Decision Making Under Objective Risk Conditions–a Review of Cognitive and Emotional Correlates, Strategies, Feedback Processing, and External Influences, in: Neuropsychology Review, Volume 25, Issue 2, Springer, 2015, S. 185.

140 Vgl. ebd., S. 185.

141 Vgl. ebd., S. 175.

142 Vgl. ebd., S. 175.

hirns.[143] Die Faustregeln sind, im militärischen Kontext, die schon mehrfach genannten Grundsätze und Prinzipien und werden mit bereits erlebten Situationen in Verbindung gesetzt. Die evolvierte Anlage[144], die hier zum Tragen kommt, ist das Wiedererkennungsgedächtnis. Diese Fertigkeit wird durch Erfahrung bzw. Übung erst zu dieser Fähigkeit. Hier sieht man wiederum die notwendige Verbindung von Theorie und Praxis, das eine kann ohne das andere seine volle Wirkung nie zur Geltung bringen. Letztlich, und das soll hier klar zum Ausdruck kommen, ist ein intuitiv gefasster Entschluss, auch wenn er einem Bauchgefühl gleicht, stets rational fassbar.

4.5.2 Von der Auswirkung auf die Taktikausbildung

Was bedeutet dies nun für die Taktikausbildung? Um Entscheidungen treffen zu können, bedarf es der Kenntnis von Problemlösungsmethoden. Die im Militär verwendete wissenschaftliche Methode ist das taktische Führungsverfahren, mit dem darin enthaltenen Planungsverfahren. Des Weiteren braucht man die Kenntnis der verschiedenen Werkzeuge innerhalb des Verfahrens. So erhält man quasi einen, wie es Gigerenzer nennt, adaptiven Werkzeugkasten.[145] Mit diesen Werkzeugen ist man dann in der Lage, sowohl den stabsdienstlichen als auch den vom Kommandanten durchgeführten Prozess anzuwenden. Es entwickelt sich somit eine spezifische militärische Denkweise – eine eigene Denkschule.

In der Taktikausbildung ist neben der Entscheidungsfreude auch die adaptive Anwendung des Planungsverfahrens zu fördern. Um die evolvierten Fähigkeiten des Gehirns, in Bezug auf die militärische Entscheidungsfindung, zu entwickeln, sind neben der Taktik auch andere Aspekte aus den Militärwissenschaften, zur Erzeugung eines entsprechend großen Wiedererkennungsgedächtnisses heranzuziehen. So kann aus dem Bereich der Militärpsychologie oder der Militärgeschichte der Erfahrungsschatz, der als Basis für Entscheidungen herangezogen werden kann, wertvoll ergänzt werden.

Das Bewusstmachen der Abläufe und Mechanismen hinter den Entscheidungsprozessen hilft, sich selbst als Führungskraft in seinen Entscheidungen zu verstehen. Daher ist es unabdingbar, unterschiedliche Methoden in der Taktikausbildung zur Anwendung zu bringen, um die Vielfalt an

143 Vgl. Gigerenzer, Gerd: Bauchentscheidungen, Die Intelligenz des Unbewussten und die Macht der Intuition, Goldmann, München 2008, S. 26.
144 Vgl. ebd., S. 27.
145 Vgl. ebd., S. 71.

Werkzeugen in der persönlichen Werkzeugkiste zu erhöhen. Beim Einsatz der Methoden in der Ausbildung ist aber auch darauf zu achten, dass möglichst viele und unterschiedliche Szenarien zur Verwendung gelangen, um dabei der Gefahr der Schematisierung von Entscheidungsabläufen entgegenzuwirken. Auch hier ist Adaption der Schlüssel zum Erfolg. Diese Forderungen müssen jedoch behutsam und mit Augenmaß umgesetzt werden. Eine Überforderung hat, speziell am Anfang der Taktikausbildung, verheerende Folgen für den weiteren Berufsvollzug.

4.5.3 Vom Zusammenhang zwischen Prinzipien, Grundsätzen und Gesetzen[146]

Wenn man sich, im Rahmen der Taktikausbildung, mit den Methoden beschäftigt, kommt man zwangsläufig mit den Begriffen Prinzip und Grundsatz in Berührung. Diese Prinzipien und Grundsätze sind Aspekte, welche vor allem im Rahmen der Elementartaktik vermittelt werden. Was ist nun unter diesen Begriffen zu verstehen und was bedeuten sie für die Ausbildung? Prinzipien sind allgemein gültige, weitgehend zeitlose Leitlinien für das Handeln. Prinzipien sind Gesetzmäßigkeiten oder Ideen, die einer Sache zugrunde liegen, nach denen etwas wirkt.[147] Zu den Prinzipien im Rahmen der Elementartaktik zählen hier die Befehls- und Auftragstaktik als grundsätzliche Führungsphilosophie. Prinzipien haben als Ideen eine den anderen Begriffen übergeordnete Funktion. Grundsätze sind feste Regeln, die jemand zur Richtschnur seines Handelns macht.[148] Diese lassen, im Gegensatz zu den Prinzipien, einen stetigen Wandel erkennen, welcher aus der Entwicklung des Krieges, seiner Mittel und Methoden herrührt.

Die Veränderung der Grundsätze – in unserem Fall der Führungs- und Einsatzgrundsätze – liegt nicht in deren Form, sondern in ihrer inhaltlichen Ausgestaltung. Die Ausgestaltung der Einsatzgrundsätze zum Beispiel ist dabei vor allem vom technologischen Fortschritt beeinflusst. Die Prinzipien sind im Vergleich zu den Grundsätzen, obwohl diese Begriffe oftmals synonym verwendet werden, die beständigeren Leitlinien für das Handeln als Führungskraft. Die Gesetze sind im militärischen Zusammenhang als Normen zu verstehen, die sich aus den Prinzipien und Grundsätzen ableiten

[146] Vgl. Sawkin, W. J.: Grundprinzipien der operativen Kunst und der Taktik, Militärverlag der Deutschen Demokratischen Republik, Berlin 1974, S. 9-73.

[147] Vgl. Duden, Online-Wörterbuch, Cornelsen Verlag GmbH, Berlin 2022. https://www.duden.de/rechtschreibung/Prinzip [04.11.2022]

[148] Vgl. ebd. https://www.duden.de/rechtschreibung/Grundsatz [04.11.2022]

lassen. Diese sind meist sehr spezifisch und daher vom Grad der Veränderung der Einsatzszenarien und der darin verwendeten Mittel und Verfahren abhängig. Aus dem hier Genannten lässt sich ableiten, dass eine Ausbildung stets an den beständigeren Prinzipien zu orientieren sein wird.

Diese Ausrichtung kann als prinzipiengeleitete Lehre verstanden werden. Die Prinzipien, Grundsätze und Gesetze sind im adaptiven Werkzeugkasten schließlich die Universalwerkzeuge der militärischen Führungskraft.

4.6 Von den Arten des Führungsverfahrens

Zum Gebrauch dieser Werkzeuge gehört es auch, diese, abgestimmt vor allem auf den Faktor Zeit, im dafür passenden Detailierungsgrad des intersubjektiv nachvollziehbaren Entscheidungsprozesses anzuwenden. Grundsätzlich kann Führung in unterschiedlicher Art und Weise, in unterschiedlichen Phasen erfolgen. Zunächst ist davon auszugehen, dass die Führungskraft alle Maßnahmen zur Führung selbst durchführt, das Führungshandeln somit in den eigenen Händen hält. Das sogenannte Kommandantenverfahren[149] wird dabei ohne weitere Unterstützung von außen durchgeführt. Dieses Verfahren vom Typ „C" ist jenes, welches mit Schwergewicht in der Grundausbildung der militärischen Führungskräfte vermittelt wird. Das liegt vor allem darin begründet, dass, auf der gefechtstechnischen und der unteren taktischen Führungsebene keine Stäbe zur Unterstützung vorhanden sind.

Die Zuarbeit eines Stabes erfolgt erst ab diesen Ebenen aufwärts und drückt sich, mit einer entsprechenden zeitlichen Limitierung, im Verfahren Typ „B", dem ergänzenden Stabsverfahren, aus.[150] Hier liegt das Führungshandeln zu etwa gleichen Teilen beim Kommandanten und seinem Stab. Hat man genügend Zeit zur Verfügung, findet das abgeschlossene Stabsverfahren seine Anwendung. Der Stab bereitet die Entscheidung vollends für den Kommandanten auf. Dieses Verfahren ist vom Typ „A".[151] Allen diesen Verfahren liegt dieselbe Systematik zu Grunde. Der intersubjektiv nachvollziehbare Entscheidungsprozess wird dabei je nach Verfahrenstyp unterschiedlich detailliert und ausgestaltet.

Zu diesen verschiedenen Arten von Führungsverfahren ist auch noch die Phase, in der die Führung erfolgt, zu berücksichtigen. Dabei ist grundsätzlich entscheidend, ob es sich um eine Planungsaufgabe oder aber die

149 Vgl. BMLVS: DVBH Taktisches Führungsverfahren, Wien 2012, S.22.

150 Vgl. ebd., S. 22.

151 Vgl. ebd., S. 22.

Führung in der Durchführung, oder militärisch ausgedrückt, um das Führen im Gefecht handelt. Ähnlich wie bei der Berücksichtigung des Faktors Zeit bei der Wahl des Typs von Führungsverfahren, ist auch bei den unterschiedlichen Phasen die Wahl des einen oder anderen Verfahrenstyps angezeigt. In der Planungsphase, sofern diese nicht zeitkritisch ist, ist die Einbindung des Stabes – ab der unteren taktischen Führungsebene – durchaus möglich. Bei der Führung in der Durchführung liegt das Führungshandeln eher bei der militärischen Führungskraft selbst.

Eine besondere Rolle nimmt die digitale Unterstützung im Führungsverfahren ein. Mit Masse wird analog geplant und geführt, das heißt mit Karte, Stift und Papier. Die Unterstützung durch digitale Werkzeuge kann die Führungsarbeit dahingehend unterstützen, dass Arbeitsabläufe vereinfacht und zusammengeführt werden können. Der Austausch von Beurteilungsergebnissen zwischen den verschiedenen Teilen des Stabes ist hier eine wichtige Aufgabe, die technisch unterstützt verbessert werden kann. Ohne auf die Arbeit im Stab eines militärischen Verbandes eingehen zu wollen, sollen hier ein paar Beispiele genannt werden.

Der Austausch der Beurteilungen über den Gegner in einem Einsatz und den eigenen Antworten darauf ist durch eine gewisse Automatisierung wesentlich erleichtert. Wenn das Stabsmitglied, welches für die Beurteilung des Gegners verantwortlich ist, auf einer digitalen Lagekarte seine Eintragungen durchführt und diese fast zeitgleich beim Stabsoffizier für die eigene Einsatzführung sichtbar werden, kann dieser seine auf der Lage des Gegners beruhenden Planungen, mit geringstem Zeitverzug, weiterführen. Es kommt somit zu einer kollaborativen Bearbeitung einer Problemstellung.

Dies hat auch einen Einfluss auf die Führungsleistung, welche für erfolgreiche Führung, sowohl quantitativ als auch qualitativ, als hoch anzusetzen ist.[152] Diese Führungsleistung ist aber nicht nur durch Optimierung der Arbeitsabläufe zu erhöhen, sondern kann durch Implementierung von Künstlicher Intelligenz (KI) noch weiter gesteigert werden. Diese kann bei der Aufbereitung verschiedener Inhalte zur Anwendung kommen und so die Planer und Führungskräfte von Normaufgaben entlasten. Diese Aufgaben sind wichtig, nehmen viel Zeit in Anspruch, liefern aber nur einen kleinen Teil im Gesamtprozess. Besonders dort, wo viele Daten und Informationen verarbeitet werden müssen, kann KI entlasten und optimieren.

Nachteilig ist dabei allerdings, dass das Training der Urteilskraft durch genau solche banalen Prozessschritte nicht mehr erfolgt. Andererseits werden die Gehirne der Entscheider für die wesentlichen Bewertungen und

[152] BMLV: DVBH Taktischer Führungsprozess, Wien 2019, S. 41f.

Folgerungen freigespielt. Doch wie hilft das Planungsverfahren Typ „D“ nun in der Ausprägung von Führungskompetenz und wie kann es dazu in der Offiziersgrundausbildung eingesetzt werden?

Das digitale Planungsverfahren kann dabei in unterschiedlicher Ausgestaltung abgewickelt werden. Es können nur Teile oder das gesamte Planungsverfahren digitalisiert werden. Dies kann unter Ausnutzung von KI oder eben auch ohne diese stattfinden. Die grundsätzliche Frage ist, ob die Verfahren, welche für die Abwicklung des Führungsprozesses angewandt werden, in ihrer Zusammensetzung noch zielführend sind. Aufbauend auf den intersubjektiv nachvollziehbaren Entscheidungsprozess sind die einzelnen Prozessdetaillierungen, im Rahmen des Verfahrens Typ „D“, vielleicht zu überdenken.

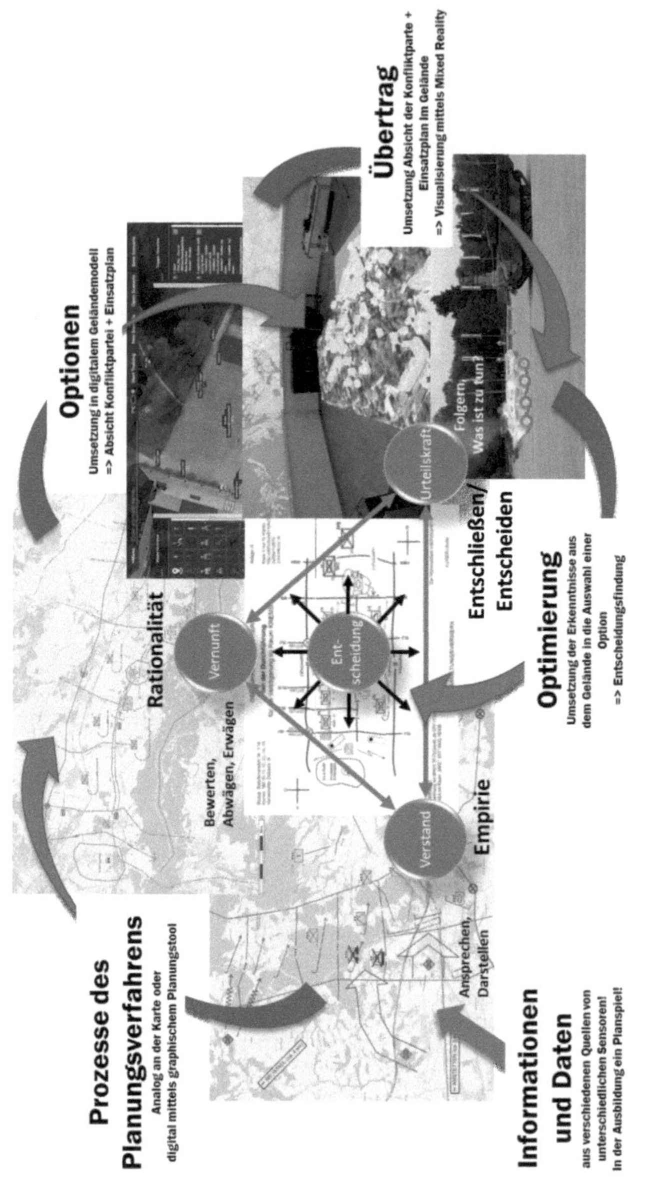

Abbildung 23: Das Planungsverfahren Typ „D" in der Taktikausbildung[153]

[153] Abbildung durch die Verfasser erstellt.

Die Führungskräfte von Morgen stehen vor einer großen Herausforderung. Einerseits sind sie in der Anwendung bewährter Methoden weiter zu schulen, andererseits ist auf künftige Entwicklungen Rücksicht zu nehmen.[154] Das typisch österreichische, graphische Planungsverfahren liefert die Vorrausetzung zur Digitalisierung desselben. Hier steht die Verwendung von digitalen graphischen Planungstools an erster Stelle. Dabei sind die Tätigkeiten durchaus ähnlich wie bei der analogen Planungsarbeit. Eine Linie wird entweder auf einer Karte oder eben auf einem Touchscreen gezeichnet.

Der Mehrwert liegt nun etwa darin, durch das Teilen der digitalen Planungskarten, inklusive deren Inhalte, ein kollaboratives Arbeiten an ein und demselben Inhalt zu ermöglichen. Werden nun noch einzelne Prozessschritte automatisiert, kann dies zu einer Steigerung der Führungsleistung beitragen.[155] Die Informationen, welche die Grundlage für die Bearbeitung einer militärischen Problemstellung darstellen, werden in der Regel durch verschiedene Sensoren generiert und zu einem gemeinsamen Lagebild fusioniert.

Dieses Lagebild ist entsprechend zu verstehen und zu interpretieren. Es braucht also Führungskräfte, die verstehen, wie ein solches Lagebild entsteht und die, auf Grund ihrer Erfahrung, dieses auch entsprechend deuten können.[156] Aufbauend darauf findet der Entscheidungsprozess seine Anwendung. Dieser ist, wie bereits erwähnt, einerseits dort zu automatisieren, wo die Führungskraft von Routinetätigkeiten, die sehr zeitintensiv sind, zu entlasten ist und andererseits digital zu unterstützen, wo gemeinsam an der Lösung gearbeitet wird.

Optionen des eigenen Handelns können dann einer plastischen Visualisierung zugeführt werden. Zum Beispiel ist die Umsetzung der Optionen in einem maßstabsgetreuen, verkleinerten digitalen Geländemodell, mittels Mixed Reality, möglich. Hier können nun Aspekte wie Kraft, Zeit und Raum, in Zusammenhang mit der jeweiligen Handlungsoption, visualisiert werden. Auch die Absicht des Gegners kann den eigenen Optionen plastisch gegenübergestellt werden. Diese Darstellung kann dann lagerichtig im Gelände umgesetzt und dort entsprechend adaptiert und verfeinert werden.

---

[154] Vgl. Treiblmaier, Alexander: Improving Efficiency Through Data-Driven Decision-Making in a Military Environment, in: The Defence Horizon Journal. https://www.thedefencehorizon.org/post/improving-efficiency-through-data-driven-decision-making-in-a-military-environment-1?lang=de [02.01.2023]

[155] Vgl. ebd.

[156] Vgl. ebd.

Aus diesem dreidimensionalen Einsatzplan im Gelände wird dann der Plan der Durchführung des militärischen Einsatzes generiert.

Diese Anwendung von digitalen Tools in der Planung kann auch im Einsatz entsprechend weitergeführt werden. Der Plan und der entsprechende Befehl werden dann in das Gesichtsfeld der nachgeordneten Führungskräfte eingespielt.[157] Dabei können die für den Einsatz relevanten Daten visualisiert werden. Dies können Auszüge aus anderen Plänen sein, wie etwa Zielpunkte für die Feuerunterstützung aus dem Zielpunktplan, oder aber Führungslinien, wie etwa Grenzen und Räume aus dem Plan der Durchführung.

Somit ist die komplette Digitalisierung des Führungsverfahrens, inklusive dem darin enthaltenen Planungsverfahren, möglich. Je nachdem kann der gesamte Ablauf noch mehr oder weniger KI-unterstützt sein. Um auch bei Ausfall dieser Tools noch führungsfähig zu bleiben, ist die Ausbildung an den analogen Arbeitstechniken notwendig. Nichtsdestotrotz sind die künftigen Führungskräfte, neben der Ausbildung in den analogen Techniken, auch an den digitalen Werkzeugen zu unterweisen.

4.7 Von den Voraussetzungen für die Anwendung des Methodensets in der Lehre

Vermehrt ist in der jüngeren Vergangenheit zu beobachten, dass sich in den diversen Lehrgängen für militärische Führungskräfte eine sehr starke Prozessorientierung herausgebildet hat. Das bedeutet, vielfach werden von den Lehrgangsteilnehmern Checklisten, sogenannte Bearbeitungshilfen, herangezogen, um eine taktische Problemstellung strukturiert abarbeiten zu können. Diese Orientierung am Prozess, am Schema, verhindert jedoch die Auseinandersetzung mit dem „Zweck" der einzelnen Bearbeitungsschritte. Diese Prozesshörigkeit steht zudem in einem krassen Widerspruch zur vielgerühmten Auftragstaktik, sie entspricht eher einer befehlstaktischen Herangehensweise. Bei der Taktik handelt es sich aber um eine Denkschule und nicht um ein Orientieren an Checklisten, ohne über den Beurteilungsschritt im Detail nachzudenken. Sawkin zitiert hier Suworow mit dessen Aussage: „Die Methodik unter mir. Ich stehe höher als die Regeln."[158] Diese Aussage

---

[157] Vgl. Tiwari, Sakshi: US Army Soldiers to get Mixed Reality Goggles with Night Vision in 2023; China also Trains with VR for Close Combat, in: The EurAsian Times. https://eurasiantimes.com/us-army-soldiers-to-get-mixed-reality-goggles-with-night-vision-in-2023/ [02.01.2023]

[158] Sawkin, W. J.: Grundprinzipien der operativen Kunst und der Taktik, Militärverlag der Deutschen Demokratischen Republik, Berlin 1974, S. 25.

stellt eine klare Abkehr vom Schematismus dar, aber im Gegenzug dazu ist sie ein Bekenntnis zur Initiative und Kreativität in der Planung und im Gefecht.[159]

Um die Offiziere vom Festhalten an einem Schema zu befreien, sind einige Voraussetzungen nötig. Zunächst ist der Umgang mit der Taktik und der Ausbildung derselben zu überdenken. Sie ist kein Selbstzweck, sondern dient in erster Linie der Problemlösung. Wie die Angst vor dem Umgang mit Schusswaffen dem Soldaten seinen Berufsvollzug erschwert, wenn nicht sogar unmöglich macht, so hindert die Angst vor der Taktik den Offizier an seiner Auftragserfüllung als militärischer Führer. Die frühzeitige Auseinandersetzung mit ihren Methoden ist beim Entgegenwirken gegen diese Angst das eine. Doch abseits dieser Auseinandersetzung, mit den verschiedenen Werkzeugen, ist die Etablierung einer gewissen Fehlerkultur im Allgemeinen ebenso voranzutreiben.[160]

Dies ist deshalb notwendig, weil eben nur derjenige, welcher sich Entscheidungssituationen stellt, Erfahrungen sammeln kann und so sein Wiedererkennungsgedächtnis anreichert. Dabei passieren immer auch Fehler, diese sind aber nicht auszumerzen, sondern sollen auch zum Erfahrungsgewinn beitragen. Erst wenn Fehlermachen nicht dämonisiert wird, kann sich eine Entscheidungsfreude entfalten, die den Offizier dazu ermächtigt, auch unter großem Druck, mit unvollständigen Informationen, rechtzeitig, wenn möglich, richtige bzw. brauchbare Entscheidungen zu treffen.[161] Weiter fördert diese Fehlerkultur auch das Abrücken vom Schema – es tritt dadurch auch immer mehr der Inhalt und nicht die Form in den Fokus der Entscheidungsfindung. Zudem begünstigt eine heuristische Entscheidungsfindung, das Detail zugunsten von für die Entscheidung essenziellen Informationen zu ersetzen.

Fehler zu tolerieren und daraus die entsprechenden Erfahrungen zu generieren muss aber Hand in Hand gehen mit einem hohen Maß an Verantwortung. Verantworten heißt letztlich Antwort geben können auf die Frage: Warum habe ich so entschieden? Fehler in der Ausbildung zu begehen ist notwendig, um auch eine gewisse Demut vor dem Entscheiden zu erlernen. Diese Demut ist zu hegen und zu pflegen und darf niemals in eine

[159] Vgl. ebd., S. 25.

[160] Vgl. Kunovjanek, Georg; Maier, Georg: Die militärische Führung im Lichte von Niccolo Machiavelli, in: Österreichische Militärische Zeitschrift, LIX. Jahrgang, Heft 5, Wien 2021, S. 562.

[161] Vgl. BMLV: DVBH Taktischer Führungsprozess, Wien 2019, S. 18.

Angst vor dem Entscheiden umschlagen.[162] Hier liegt eine große Herausforderung für das Ausbildungspersonal im Rahmen der Taktikausbildung.

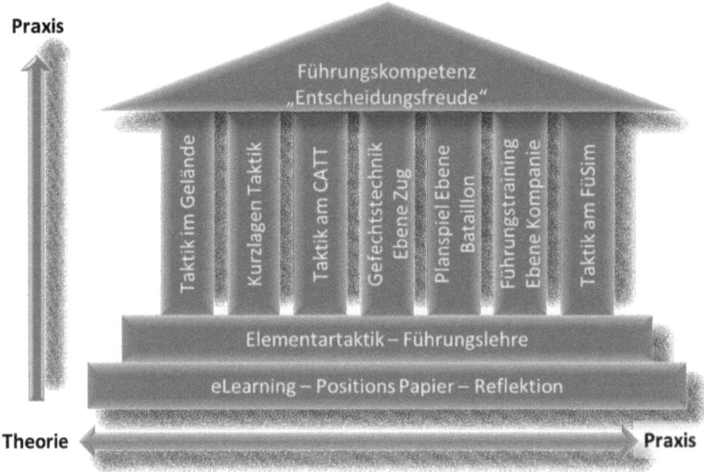

Abbildung 24: Das didaktische Gebäude der Vermittlung der Taktik in der Offiziersgrundausbildung[163]

Der Abfolge und Wahl der richtigen Methoden in der Taktikausbildung kommt dabei eine wesentliche Bedeutung zu. Das didaktische Gebäude, zur Erreichung einer ausgeprägten Führungsfähigkeit, ist aus einer Mischung von verschiedenen Methoden gebaut und ermöglicht es so, möglichst viele verschiedenartige Erfahrungen zu sammeln.

Taktik und hier im speziellen das „Taktische Führungsverfahren" wird als militärwissenschaftliche Problemlösungsmethode zur Entscheidungsfindung herangezogen und ist somit ein wesentlicher Beitrag zur Führungsausbildung. Zur Vermittlung kommt ein umfangreiches Methodenset zur Anwendung, welches letztlich zu einem adaptiven Werkzeugkasten aufwächst.

Zusammen mit den entsprechenden Rahmenbedingungen sind die verschiedenen Methoden bzw. Werkzeuge und die dahinterstehende Denkschule wichtig, um dem Offizier die Möglichkeit zu geben, als Führungs-

---

162 Vgl. Kunovjanek, Georg; Maier, Georg: Die militärische Führung im Lichte von Niccolo Machiavelli, in: Österreichische Militärische Zeitschrift, LIX. Jahrgang, Heft 5, Wien 2021, S. 560.

163 Abbildung durch die Verfasser erstellt.

kraft im Berufsalltag zu bestehen. Neben der physischen Leistungsfähigkeit zählen mentale Stärke und interkulturelle Kompetenz zu den Rahmenbedingungen für erfolgreiches Führungshandeln.[164] Die mentale Stärke wird durch wachsendes Selbstvertrauen unterstützt, das sich parallel zu den evolvierten Fähigkeiten des Gehirns – dem Wiedererkennungsgedächtnis – entwickeln soll.

Die Mischung der verschiedenen Werkzeuge, der Wechsel von Theorie und Praxis sowie der verschiedenen Ebenen, ermöglicht ein Anwachsen der Erfahrung. Führung ist eine vor allem mentale Leistung der Führungskraft, es geht hier um das Denken, Planen und Entscheiden. Das Bestehen in Situationen, die einer Entscheidung bedürfen, fördert also die mentale Leistungsfähigkeit bzw. letztlich auch die Führungsfähigkeit.

164 Vgl. Pichlkastner, K.: Das Theresianische Führungsmodell, in: Armis et Litteris 32/2015, Wiener Neustadt 2014, S. 109.

5 Von den Bausteinen des „neuen" Theresianischen Führungsmodells

Nach der historischen Analyse des Führungsbegriffs und der Herausarbeitung der zeitlos anwendbaren Prinzipien von Führung wurden die Methoden für die Vermittlung der für die Führung wesentlichen Kompetenzen und Fertigkeiten dargestellt. Die folgenden Betrachtungen führen diese Erkenntnisse aus der historischen Untersuchung des Führungsbegriffs bei Machiavelli und die Methoden in der Lehre der Taktik zusammen. Dabei entsteht ein Führungsmodell, das einerseits die Art und Form des Problems, andererseits die Führungstätigkeit auf unterschiedlichen Ebenen als Antwort darauf und schließlich die damit verbundene methodische Hinterlegung zur Vermittlung einer Denkschule zur intersubjektiv nachvollziehbaren Lösung von Problemstellungen verbindet.

Das Modell wirkt, trotz eines hohen Komplexitätsgrades, abstrakt einfach und wird dadurch sehr wirkmächtig. Trotz eines einfachen Schemas, dem man in diesem Sinn zu folgen hat, ist dieses Schema so offen, dass eine individuelle und situationsbedingte Anpassung möglich bleibt. Die Anwendung des Theresianischen Führungsmodells soll Führungskräfte in die Lage versetzen, mit mangelhaften Informationen zeitgerecht brauchbare Entscheidungen zu treffen. Zudem liefert eine Auseinandersetzung mit diesem Modell eine Möglichkeit zur Reflektion des eigenen Führungshandelns.

5.1 Von den grundlegenden Eigenschaften für erfolgreiche Führung

Erfolg als „positives Ergebnis einer Bemühung"[165] fußt auf drei wesentlichen Faktoren, dem Führungsmoment als Auslöser der Führungshandlung, der Entscheidungsdistanz als Vorbedingung für eine ebenengerechte Führungshandlung und der daraus resultierenden Führungsruhe, welche es ermöglicht, Entscheidungen ohne gravierende zusätzliche Einflüsse von au-

[165] Duden, Online-Wörterbuch, Cornelsen Verlag GmbH, Berlin 2022. https://www.duden.de/rechtschreibung/Erfolg [04.11.2022]

ßen zu treffen.[166] Diese drei Faktoren haben in ausreichender Balance gehalten zu werden.

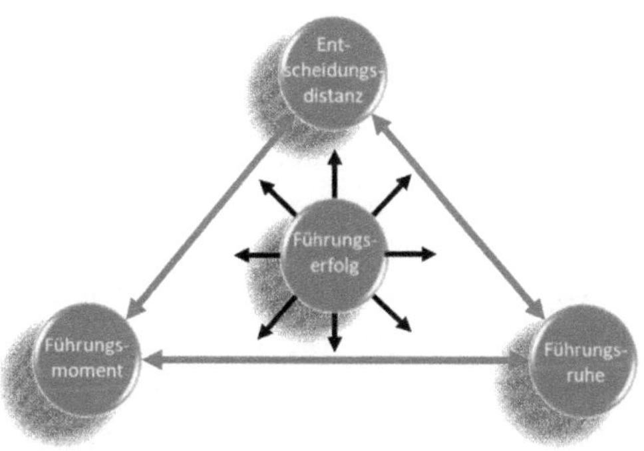

Abbildung 25: Die Faktoren des Führungserfolgs[167]

Das Erkennen des Momentes, der die Führungshandlung auslöst, ist dabei nicht immer so offensichtlich, wie man glauben möchte. Die Führungskraft muss dabei über eine entsprechende Sensorik verfügen, die es ihr erlaubt, diesen Führungsmoment auch wahrzunehmen. Das gelingt nur dann, wenn sich die Führungskraft nicht zu sehr im Detail verliert, also ihre Entscheidungsdistanz und damit auch die entsprechende Führungsruhe aufrechterhält.[168]

Der Führungserfolg ist aber nicht nur von den drei genannten Faktoren abhängig, sondern auch von den drei wesentlichen Orientierungspunkten für eine hohe Führungskompetenz als Basis einer erfolgreichen militärischen Führungskraft. Diese Führungskompetenz ist somit die Grundlage für den beschriebenen Führungserfolg. Zunächst wenden wir uns der Adaptionsfähigkeit zu. Diese steht für die situationsangepasste Wahl der richtigen Werkzeuge zur Lösung einer Problemstellung. Diese Anpassung der Führung an die jeweilige Situation und Ebene des Handelns ist für erfolgreiche Führung eine Grundvoraussetzung. Die Adaptionsfähigkeit ist in dem Sinn als situativer Führungsstil zu verstehen, welcher zu effektiver Führung in extremen

---

[166] Vgl. Kunovjanek, Georg; Maier, Georg: Die militärische Führung im Lichte von Niccolo Machiavelli, in: Österreichische Militärische Zeitschrift, LIX. Jahrgang, Heft 5, Wien 2021, S. 559.
[167] Abbildung durch die Verfasser erstellt.
[168] Vgl. ebd., S. 559.

Situationen führt. Diese situative Anpassung des Führungshandelns ist wesentlich für die Führungskompetenz erfolgreicher Führungskräfte.

Zu erkennen, welche Führungsinstrumente aus dem adaptiven (Führungs-) Werkzeugkasten wann erfolgversprechend sein können und welche es nicht sind, ist genauso wichtig, wie die richtigen Menschen mit der Umsetzung des Auftrages zu beaufschlagen. Hier kommen die Erfassung der Situation, bestehend aus Führungsmoment, Führungsdistanz und Führungsruhe, mit dem richtigen Ressourceneinsatz – Mensch und Führungswerkzeug – basierend auf einer brauchbaren Entscheidung zur Deckung.

Neben dieser Anpassungsfähigkeit ist die Initiative zur Entscheidungsfindung oder anders ausgedrückt, die Entscheidungsfreude, ein weiterer Baustein zur erfolgreichen Führungstätigkeit. Diese Freude am Entscheiden sollte der Angst vor Entscheidungen entgegenwirken. Diese Angst ist leider allgegenwärtig, da mit jeder Entscheidung die Alternativen verlorengehen, man muss sich von den weiteren Optionen scheiden.[169]

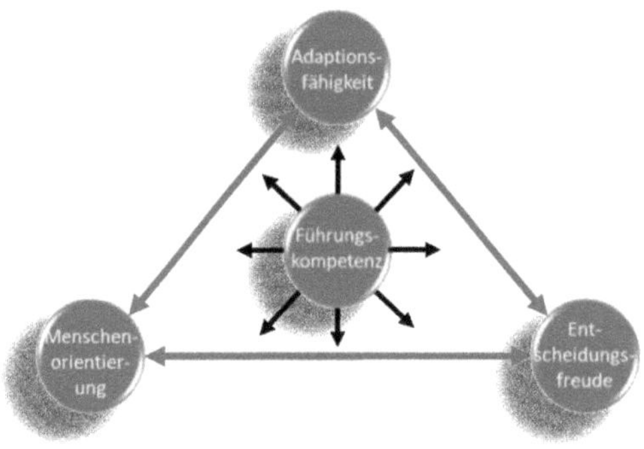

Abbildung 26: Die grundlegenden Faktoren der Führungskompetenz[170]

Dieser hemmenden Wirkung der Angst muss mit Entscheidungsfreude entgegengetreten werden. Der dritte Faktor ist die Orientierung am Menschen, denn Führung basiert auf dem dialektischen Verhältnis von Führungskraft und Geführten. Führung ist damit immer für, mit oder gegen Menschen gerichtet. Diese Menschenorientierung bedeutet aber auch, die

[169] Vgl. ebd., S. 559.

[170] Abbildung durch die Verfasser erstellt.

richtigen Menschen mit der Auftragserfüllung zu beauftragen. Menschenorientierung steht damit auch für eine gewisse Menschenkenntnis.[171]

Das bedeutet letztlich, dass eine hohe Führungskompetenz und damit erfolgreiche Führung nicht nur von guten Entscheidungen abhängen, sondern, in sehr bedeutetem Umfang, von einer adäquaten Umsetzung der Entscheidung selbst.[172] Diese Umsetzung setzt eben den Einsatz der richtigen Menschen für diese voraus. Anders als beim Management oder der Verwaltung wird hier nicht organisationsorientiert gewirkt, sondern auf das Verhalten von Menschen abgezielt. Die Führungskraft hat dabei, abseits eines reinen „Funktionierens", die Aufgabe, auf den unterschiedlichen Einflussebenen auf die Geführten und die, gegen die diese Führung gerichtet ist, zu wirken.

Die bereits angeführte Dialektik zwischen Führungskraft und Geführten – sowohl die eigenen als auch jene Menschen, gegen die gewirkt wird, auch diese werden „geführt" – kommt hier zum Vorschein. Für ein hohes Maß an Führungskompetenz ist neben diesem Faktor also auch die genannte Menschenkenntnis von Nöten. Die Führung ist nämlich bezogen auf das Verhältnis von Führer zu Geführtem nicht nur von brauchbaren Entscheidungen getragen, sondern vor allem durch eine brauchbare Umsetzung derselben. Eine Entscheidung kann noch so gut sein, wenn die Umsetzung nicht adäquat ist, so wird Führung nur bedingt gelingen.

Damit die Umsetzung gelingt, muss die Führungskraft jene Menschen mit der Umsetzung beauftragen, welche auch in der Lage sind, diese bestmöglich zu gewährleisten. Dies ist ein wesentlicher Bestandteil einer ausgeprägten Führungskompetenz. Die Auswahl der geeigneten Umsetzungskräfte ist hier wesentlich. Dazu dient eine einfache Methode nach Kurt von Hammerstein, nach der er, als Chef der Heeresleitung, in den 30-er Jahren des vorigen Jahrhunderts, seine Offiziere zu beurteilen pflegte.

---

[171] Vgl. ebd., S. 560.

[172] Vgl. Keller, Jörg: Führung und Führer im Militär, in: Leonhard, Nina; Werkner, Ines-Jacqueline (Hrsg.): Militärsoziologie – Eine Einführung, VS Verlag, 2012, S. 479.

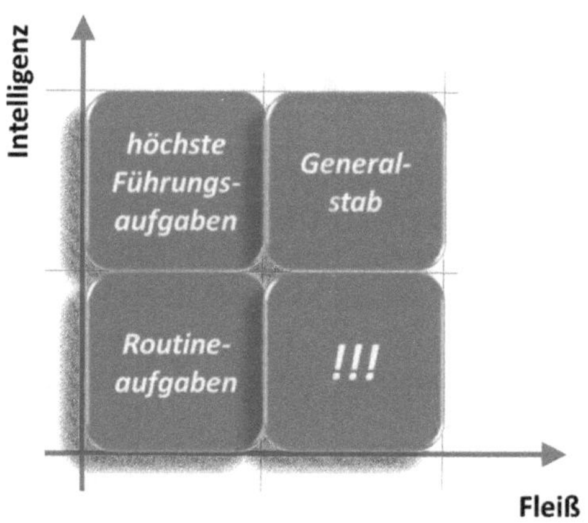

Abbildung 27: Die Einteilung der militärischen Führungskräfte nach Kurt von Hammerstein[173]

Diese überzeichnende Einteilung der militärischen Führungskräfte ist nichts anderes als der Ausdruck der oben angedeuteten Menschenkenntnis. Die Einteilung der geeigneten Menschen zur Auftragsumsetzung ist eine der grundlegenden Voraussetzungen – neben einer brauchbaren Entscheidung – zur Festigung einer hohen Führungskompetenz und des Weiteren zur Erlangung des Führungserfolges.

Führungserfolg ist somit direkt von entsprechender Führungskompetenz der Führungskraft abhängig. Dieser ist also nicht nur das Ergebnis einer ausgewogenen Balance zwischen Führungsmoment, Führungsdistanz und Führungsruhe, sondern auch von einer ausgewogenen Balance zwischen Menschenorientierung, Adaptionsfähigkeit und Menschenkenntnis.

[173] Vgl. Enzensberger, Hans Magnus: Hammerstein oder Der Eigensinn, Suhrkamp, Frankfurt am Main 2019, S. 77f. Abbildung durch die Verfasser erstellt.

5.2 Vom Wert der Information für die Führung[174]

Information ist ein mächtiger Parameter. Die gesamte menschliche Interaktion, sowohl zwischen Menschen, aber auch mit der Umwelt, baut auf Informationen auf. Einen Großteil seiner Geschichte hat die Menschheit, um Information nutzen zu können, direkt in Kontakt mit dem Träger dieser Informationen treten müssen. Der Informationsraum beschränkte sich also auf das unmittelbare Umfeld dessen, der die Information benötigte. Mit der technologischen Entwicklung wandelten sich die Informationsträger und mit ihnen die Informationsübertragung. Der Informationsraum weitete sich zusehends aus.[175]

Deutlich wird die Bedeutung von Information in der Entwicklung hinsichtlich der militärischen Fähigkeiten in diesem Bereich. So ist Information neben Kraft, Raum und Zeit der vierte operative Faktor für die Planung und Durchführung militärischer Einsätze. Der Cyber- und Informationsraum ist die fünfte Domäne der Kriegführung. Auch auf strategischer Ebene hat die Information eine wesentliche Bedeutung, ist sie doch neben dem Militär, der Wirtschaft und der Diplomatie eines der vier Machtinstrumente der Staaten.[176]

Daten und Informationen sind die zentralen Bausteine des virtuellen Raumes.[177] Der Begriff der Information ist zwischen Empirie und Rationalität anzusiedeln. Er beinhaltet stets eine syntaktische und eine semantische Komponente. Die Informationsmenge gibt schließlich keinen Aufschluss darüber, welchen Belang die Information hat. Eine Information wird im Informationsraum, der alle anderen Faktoren umschließt, zur Interaktion benötigt und hat eine die Realität beeinflussende Bedeutung. Aufgrund von Informationen werden Handlungen ausgeführt oder unterlassen, sie geben Auskunft über Zustände in der virtuellen und realen Welt. Informationen werden benötigt, um Situationen zu erfassen, sie zu bewerten, Urteile darüber fällen und daraus Entscheidungen ableiten zu können.

---

[174] Anm. d. Verf.: Dieses Kapitel wurde in überwiegenden Maße bereits durch einen der beiden Autoren im „The Defence Horizon Journal" online publiziert: Kunovjanek, Georg: Vom Wert der Information im Krieg, in: The Defence Horizon Journal. https://www.thedefencehorizon.org/post/vom-wert-der-information-im-krieg?lang=de [20.12.2022]

[175] Vgl. Klauninger, Bert: Cyberspace als ein selbstorganisierendes System. http://archive.gpi-online.de/files/_klauninger_cyberspace.pdf, S. 8. [20.05.2020]

[176] Vgl. Andress, Jason; Winterfeld, Steve: Cyber Warfare, Techniques, Tactics and Tools for Security Practitioners, Waltham 2011, S. 7.

[177] Vgl. Hülsmann, Thorsten: Geographie des Cyberspace, Wahrnehmungsgeographische Studien, Band 19, Oldenburg 2000, S. 52ff.

Informationen werden codiert und als Daten übertragen und verarbeitet beziehungsweise gespeichert. Sie benötigen einen Träger. Dies kann zum einen Energie, in Form elektrischer Signale, zum anderen Materie, wie etwa ein Buch sein. Ohne Träger sind Informationen nicht existent. Anders als deren Träger ist die Information in der Lage, erhalten zu bleiben beziehungsweise vermehrt zu werden, wenn sie weitergegeben wird.

Gayken fasst die Information als Wissen und Meinen und sieht darin nicht nur die Schlüsselressource im Informationsraum, sondern auch eines der potentiellen Angriffsziele.[178] Konflikte wirken auf zwei Arten im beziehungsweise aus dem Informationsraum, zum einen auf die Informationen selbst, zum anderen durch die Informationen auf die reale Welt. Information als Ziel unterliegt der Manipulation, dem Diebstahl und der Zerstörung.[179] Diese Wirkungen auf die Information stellen eine große Gefahr und Herausforderung für die Führung dar.

Information ist nicht nur mögliches Ziel von Angriffen, sondern auch eine mögliche Waffe. Die Waffen, welche im Informationsraum zur Anwendung gelangen, können ebenfalls auf Daten und Informationen aufbauen. Neben den Informationen selbst, die wie eine Waffe gegen den Willen des Gegners gerichtet sind, können Wirkmittel auf der Basis von Informationen, zum einen beispielsweise sogenannte Schadprogramme im Cyber- und Informationsraum, eingesetzt werden. Damit ist auch ein Einwirken auf den gesamten Entscheidungsprozess möglich.

Zum anderen können Informationen in einem bestimmten Kontext zu beeinflussenden Fakten werden. Dabei ist es besonders interessant, dass Fakten nicht allein die Wirklichkeit abbilden, sondern durch den spezifischen Kontext erst etwas Gewünschtes beschreiben. Fakten sind also nicht naturgegeben, sondern unterliegen einem Schaffungsakt.[180] Damit wirkt die Information, als Fakt oder Fake, schon vor Beginn des Entscheidungsvorganges. Zudem können auch physische Waffen im Informationsraum zur Wirkung gebracht werden.[181] Damit kann auch auf die Kommunikation von

---

[178] Vgl. Gaycken, Sandro: Cyberwar. Das Internet als Kriegsschauplatz, München 2011, S. 93ff.

[179] Vgl. Microsoft (Hrsg.): Defending Ukraine: Early Lessons from the Cyber War. https://query.prod.cms.rt.microsoft.com/cms/api/am/binary/RE50KOK, S. 1. [30.07.2022]

[180] Vgl. Liessmann, Konrad P.: Als ob! Die Kraft der Fiktion, in: Als ob! Die Kraft der Fiktion, Philosophicum Lech, Konrad P. Liessmann (Ed.), Paul Zsolnay Verlag, Wien 2022, S. 14.

[181] Vgl. Microsoft (Hrsg.): Defending Ukraine: Early Lessons from the Cyber War. https://query.prod.cms.rt.microsoft.com/cms/api/am/binary/RE50KOK, S. 7f. [30.07.2022]

Führungskraft zu den Geführten eingewirkt oder diese gar unterbunden werden.

Beim Informationsraum handelt es sich um Funktionszusammenhänge und Interaktionen von zu einem Netzwerk zusammengefügten Informationsknotenpunkten. Dies können einzelne Individuen, Organisationen oder auch Computer sein.[182] Diese Interaktionen basieren auf Informationen, die über dieses Netzwerk ausgetauscht werden. Das Netz erweitert somit die menschlichen Wahrnehmungs- und Handlungsmöglichkeiten. Dabei ist ein direktes Gegenübertreten zwischen den Akteuren beziehungsweise Beteiligten an der Interaktion nicht mehr zwingend notwendig. Dies ist für die Nutzung von Informationen durch die Führungskraft von essenzieller Bedeutung.

Die Information ist einerseits von Bedeutung, um eine Entscheidung zu treffen und andererseits dafür notwendig, die Entscheidung zwecks Umsetzung auch kommunizieren zu können. Zunächst war es möglich, einfache Signale zu nutzen, um Entfernungen in der Kommunikation zu überwinden. Dann gelang es, schriftliche Informationen als Nachrichten zu „übertragen", es folgten der Ton und schließlich das Übertragen von Bildern. Heute ist es den meisten Menschen und damit auch den Führungskräften möglich, alle Formen von Informationen unabhängig vom Ort, an dem die Information bereitgehalten wird, zu nutzen. Der Informationsraum wuchs und verkürzte die Entfernungen zwischen den Nutzern desselben.

Information liegt entweder in Sprache, Zahl oder Bild vor.[183] Alle drei Formen von Information können in Form von Daten umgewandelt, übertragen und für viele Menschen gleichzeitig verfügbar gemacht werden. Zunächst scheint die Information (in Form von Daten) wertfrei vorzuliegen, wird durch Bewertung, Interpretation und Verarbeitung zu einem Fakt, der nicht unbedingt die reale Situation widerspiegelt. In dem Wort Fakt steckt, wie bereits beschrieben, der Akt als schaffender, herstellender Begriff. Fakten sind somit etwas Gemachtes.[184] Diese Fakten liefern einen wesentlichen Beitrag für die Entscheidungsfindung.

Die Informationen werden zunächst dargestellt und anschließend einer Bewertung zugeführt. Werden Informationen vermittels der Sprache darge-

---

182 Vgl. Freudenberg, Dirk: Theorie des Irregulären. Partisanen, Guerillas und Terroristen im modernen Kleinkrieg, Wiesbaden 2008, S. 41.

183 Vgl. Burchardt, Matthias: Geistlose Traumfabriken – Phantasmagorien der Bildungsreform, in: Als ob! Die Kraft der Fiktion, Philosophicum Lech, Konrad P. Liessmann (Ed.), Paul Zsolnay Verlag, Wien 2022, S. 73.

184 Vgl. Liessmann, Konrad P.: Als ob! Die Kraft der Fiktion, in: Als ob! Die Kraft der Fiktion, Philosophicum Lech, Konrad P. Liessmann (Ed.), Paul Zsolnay Verlag, Wien 2022, S. 14.

stellt, so können diese faktual, fiktional oder hypothetisch sein. Die Illusion ist durch Sprache nicht darstellbar.[185] Der Fakt ist nah an der Realität (abhängig von der Art und Weise der Interpretation), während die Fiktion sich an einem Modell und die Hypothese sich an ihrer Falsifizierbarkeit orientiert.[186] Die Illusion arbeitet mit dem Bild und zeigt uns Dinge, die so nicht in der Realität vorzufinden sind.

Ob Informationen nun durch Sprache, Zahlen oder Bilder repräsentiert sind, sie können leicht verändert werden. Informationen, wie nun immer einzuordnen, können aber auch wirken, wenn sie nicht vorliegen. Das ist dann der Fall, wenn verfügbare Informationen einfach blockiert und den (potenziellen) Empfängern erst gar nicht zugänglich gemacht werden. Für die Führungskraft ist das Vorhandensein der für die Entscheidung relevanten Informationen wichtig. Diese Relevanz festzustellen ist für den Entscheider nicht immer einfach. Da wir hier grundsätzlich von einer Abweichung von der idealen Informationsverfügbarkeit auszugehen haben, ist die Auseinandersetzung mit reduzierten, also heuristischen Entscheidungsfindungen notwendig.

Informationen sind sehr verletzliche Bausteine einer erfolgreichen Führung. Die Information kann, wenn sie in Form von Daten vorliegt – also vor der Bewertung beziehungsweise Interpretation, aber auch danach, wenn die Information zu Übertragungszwecken wieder in Datenpakete zerlegt wird[187] –, in den jeweiligen Übertragungsnetzwerken verändert werden. Die Manipulation reicht dabei von der kompletten Löschung einzelner oder ganzer Datenstränge bis hin zur Veränderung und Verfälschung der Daten, so dass am Ende keine oder falsche Informationen daraus generiert werden.

Ein besonderes Beispiel ist dabei die Manipulation von Steuerungsdaten in einer iranischen Urananreicherungsanlage, unter gleichzeitiger Manipulation der Kontrollanzeigen, durch das Schadprogramm Stuxnet.[188] Dabei wurden auf Grund fehlerhafter Informationen falsche Entscheidungen getroffen und die Anlage letztlich dadurch stark beschädigt.

---

185 Vgl. Wiesing, Lambert: Wie werden Bilder zu Fiktionen?, in: Als ob! Die Kraft der Fiktion, Philosophicum Lech, Konrad P. Liessmann (Ed.), Paul Zsolnay Verlag, Wien 2022, S. 142.

186 Vgl. Liessmann, Konrad P.: Als ob! Die Kraft der Fiktion, in: Als ob! Die Kraft der Fiktion, Philosophicum Lech, Konrad P. Liessmann (Ed.), Paul Zsolnay Verlag, Wien 2022, S. 13.

187 Vgl. Fuchs-Kittowski, Klaus: Wissens-Ko-Produktion – Verarbeitung, Verteilung und Entstehung von Informationen in kreativlernenden Organisationen, Hamburg, S. 21.

188 Vgl. Falliere, Nicolas; O Murchu, Liam; Chien, Eric: W32.Stuxnet Dossier, Symantec Corporation, Cupertino 2011, S. 2.

Fakten entstehen durch die Bewertung beziehungsweise Interpretation vorliegender Tatsachen in der Realität und deren Weiterverbreitung. Das bedeutet, die Qualität der Fakten hängt davon ab, in welchen Kontext die vorliegenden Informationen gesetzt wurden und wie nah an der vorzufindenden Realität sie sich orientieren. Wenn es einen „[…] manipulativen Überhang an Fiktionalität über die Faktizität […]“[189] gibt, so wird Information zum Fake.

Die Fiktion ist oft dann notwendig, wenn zu wenige oder gar keine Fakten vorliegen und trotzdem Entscheidungen getroffen und Maßnahmen umgesetzt werden müssen. Fiktionen können aber, wie beschrieben, auch manipulativ eingesetzt werden. Sie haben also einerseits positive, aber andererseits auch negative Aspekte. Der Wert des Bildes, als Informationsträger bei der Führung, ist darauf zurückzuführen, dass eben mit diesem auf der kognitiven Ebene besonders nachhaltig gewirkt werden kann. Bilder, die durch ihre rasche Erfassbarkeit sehr schnell wirken, sind dabei sehr wirkmächtig.

Neben den verschiedenen Arten von Informationen ist hier festzuhalten, dass Informationen und damit der Informationsraum für die Führungshandlung wichtig sind. Informationen sind Vorbedingung, um die Notwendigkeit des Führungshandeln zu erkennen. Um zu wissen, dass Führung benötigt wird, muss zunächst die Situation durch Aufnahme der entsprechenden Informationen erfasst werden. Die Darstellung einer Problemstellung, eines Führungsmomentes, beruht auf entsprechenden Informationen.

Diese Informationen, in welcher Form auch immer, sind zu bewerten. Abgeleitet aus dieser Bewertung entstehen dann Handlungsoptionen, welche in einer Entscheidung zur Lösung des Problems münden. Dabei werden Informationen von Schritt zu Schritt weitergegeben. Schließlich benötigt die Führungskraft Informationen, um die Entscheidung an die Geführten zu kommunizieren und so die Entscheidung in ein konkretes Tun zu transferieren. Dieses Tun führt dann schließlich zur Lösung der Problemstellung.

5.3 Vom Problem und den bestimmenden Faktoren

Der Auslöser einer Führungshandlung ist ein Führungsmoment. Dieser Moment wirft in den meisten Fällen ein Problem auf, welches den planmäßigen Ablauf einer Handlung beeinflusst. Es kann nun sein, dass die Errei-

---

[189] Strässle, Thomas: Faketionales Erzählen – Über die Erfindung von Wahrheit, in: Als ob! Die Kraft der Fiktion, Philosophicum Lech, Konrad P. Liessmann (Ed.), Paul Zsolnay Verlag, Wien 2022, S. 38.

chung des geplanten Ziels durch dieses Problem erschwert, be- bzw. sogar verhindert wird. Hier setzt die Führungshandlung an. Das Problem ist stets durch Kraft, Raum und Zeit definiert. Bestimmte Einflüsse, respektive Kräfte, werden zu einer bestimmten Zeit, in einem bestimmten Raum, auf mein planvolles Vorgehen wirksam. Im militärischen Kontext liegt auch der Entwicklung eines Planes immer eine Aufgabe oder Problemstellung zu Grunde.

Im Zuge der Zielerreichung haben Probleme, die zum Ursprungsproblem hinzutreten, eben den oben beschriebenen Einfluss auf den ursprünglichen Plan. Die Ausprägung der drei Faktoren charakterisiert dabei die Problemstellung, sowohl bei der Erstplanung wie auch bei der Folgebeurteilung dieses Planes. Die Position des Problems zwischen den Faktoren bestimmt also dessen Charakter, wobei alle drei Faktoren, allerdings in unterschiedlicher Gewichtung, zum Problem beitragen. Das Problem ist dabei aus militärischer Sicht so umfassend, dass es nur durch das Zusammenwirken aller Elemente gelöst werden kann. Dieser Zusammenhang zwischen Kraft, Zeit und Raum stellt die erste Ebene, den ersten Layer des Theresianischen Führungsmodells dar.

Sucht man nun nach der Lösung für das Problem, bedient man sich also der Führung als zentralem Faktor, um die Problemlösung zu ermöglichen, so muss diese (die Führung) das Problem adressieren. Die Führung oder besser gesagt die Führungshandlung muss problemadäquat sein. Letztlich bestimmt das Problem, welche Ausprägung von Führung notwendig ist, um erfolgreich zu sein. Dabei darf nicht vergessen werden, dass die primären Adressaten von erfolgreicher Führung immer die davon betroffenen Menschen sind.

Damit liegt nahe, dass der vorrangige Faktor, welcher ein Problem charakterisiert, die Kraft darstellt. Diese ist in erster Linie die dynamische der drei Komponenten, sie bewegt sich in Raum und Zeit. Hier wird auch die Argumentation von Clausewitz nachvollziehbar, wenn er davon spricht, dass Krieg weder Handwerk noch Kunst ist.[190] Beides setzt nicht den Menschen in den Mittelpunkt, sondern ein beliebiges Objekt, ein Ding eben.

Probleme stellen in dieser Kraft-Raum-Zeit-Beziehung immer einen Ursache-Wirkung-Zusammenhang dar, der, je nach Typologie des Problems, unterschiedlich gestaltet ist. Welcher Typ von Problem vorliegt, ist abhängig von der Art des Ursache-Wirkung-Zusammenhangs. Dies ist vor allem für

[190] Clausewitz, Carl von: Vom Kriege, Nikol Verlag, Hamburg 2016, S. 135.

die Anwendung des Entscheidungs-Layers von Bedeutung. Die Charakterisierung der Probleme erfolgt mittels des Cynefin-Modells.[191]

Hier wird zwischen vier Ausprägungen von Problemen unterschieden. Die unterschiedlichen Ausprägungen bedürfen, vor allem im Entscheidungs-Layer, einer unterschiedlichen inhaltlichen Ausgestaltung. Damit sind, in Abhängigkeit vom Charakter des Problems, die Faktoren der dritten Ebene des Theresianischen Führungsmodells in Anlehnung an das Cynefin-Framework inhaltlich zu adaptieren.

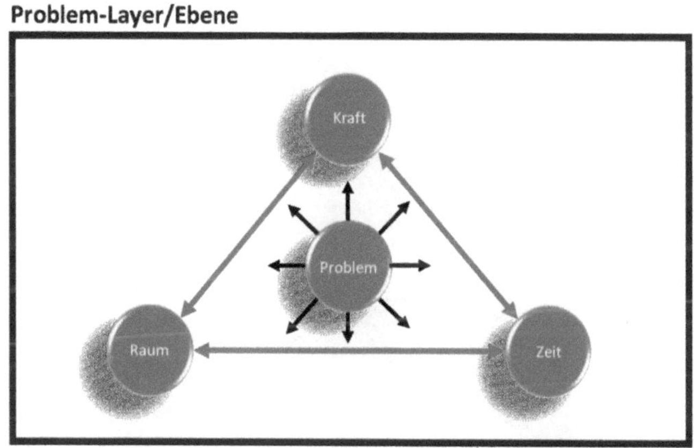

Abbildung 28: Die erste Ebene des Theresianischen Führungsmodells[192]

5.4 Von der Führung und deren Ebenenbezug

Bei der Beschäftigung mit dem Führungsbegriff hilft die bereits beschriebene Analogie zum Kriegsbegriff von Clausewitz. Das Chamäleon Krieg bewegt sich zwischen drei Eckpunkten: dem bloßen Verstand (der Regierung), der freien Seelentätigkeit (dem Feldherrn) und dem blinden Naturtrieb (dem Volk). Die Ausprägungen der Führung können in gleicher Weise zwischen drei Eckpunkten verortet werden. Führung bewegt sich zwischen dem Führungsdenken (dem Ziel/Problem-Denken, dem bloßen Verstand), dem

---

191 Vgl. Heise, Gregor: Komplexität meistern mit dem Cynefin-Framework, 2017. https://www.heisetraining.at/komplexitaet-meistern-mit-cynefin-framework/ [21.12.2021]

192 Abbildung durch die Verfasser erstellt.

Planen und Führen (dem Führen an und für sich, der freien Seelentätigkeit) und dem Tun (Durch- oder Ausführen, dem blinden Naturtrieb).

Führung, als richtungsweisendes, steuerndes Einwirken zur Erreichung einer Zielvorstellung, ist nicht nur von den drei extremen Ausprägungen gekennzeichnet, sondern auch von der Ebene, auf der sie erfolgt, mitbestimmt. Im militärischen Kontext wird Führung auf der militärstrategischen, der operativen, der taktischen und der gefechtstechnischen Ebene geleistet. Je nach Ausprägung nähert man sich einer der drei Extremformen der Führung.

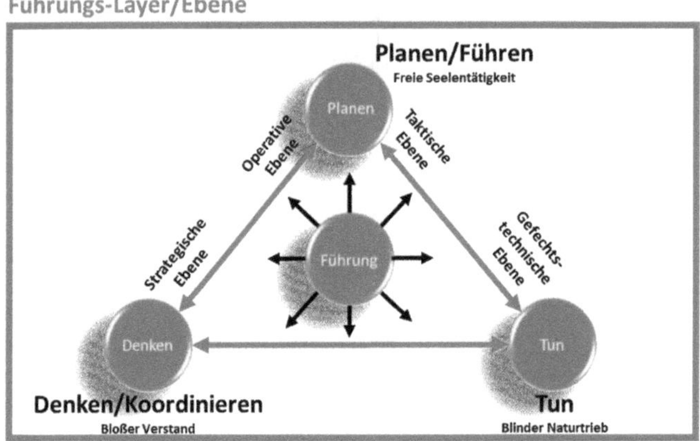

Abbildung 29: Die zweite Ebene des Theresianischen Führungsmodells[193]

Das Zieldenken ist dabei eher der strategischen und operativen Ebene – im Sinne von strategischen bzw. operativen Zielvorgaben/Problemstellungen – das Planen und Führen – als Ausrichtung am Ziel/Problem und konkrete Zielerreichungsmaßnahme/Problemlösung – dem Bereich von der operativen zur taktischen und das Tun bzw. Ausführen – als Umsetzung der Maßnahmen – von der taktischen zur gefechtstechnischen Ebene zuzuschreiben. Führung beinhaltet immer alle drei Faktoren, aber je nach Ebene und Problemstellung in unterschiedlicher Gewichtung.

Wenn man die bisher beschriebenen Ebenen übereinanderlegt, sollte die Führung sich mit dem Problem in Deckung bringen lassen. Selbiges gilt

193 Abbildung durch die Verfasser erstellt.

auch für die jeweils anderen Faktoren der jeweiligen Ebene des Führungsmodells. Das Denken ist maßgeblich durch den Faktor Raum beeinflusst, das Tun, die konkrete Handlung, vom Faktor Zeit und die Durchführungsplanung, das Führen an und für sich, ist stark abhängig vom Faktor Kraft, also den Akteuren in dem konkreten Problem.

5.5 Von der Entscheidung als Problemlösung

In der dritten Ebene des Theresianischen Führungsmodells geht es um die Entscheidung als dem Ergebnis der Führungshandlung. Diese Entscheidung fußt auf einer wissenschaftlichen Methode, welche in einem dialektischen Vorgehen zu einer Problemlösung beiträgt.

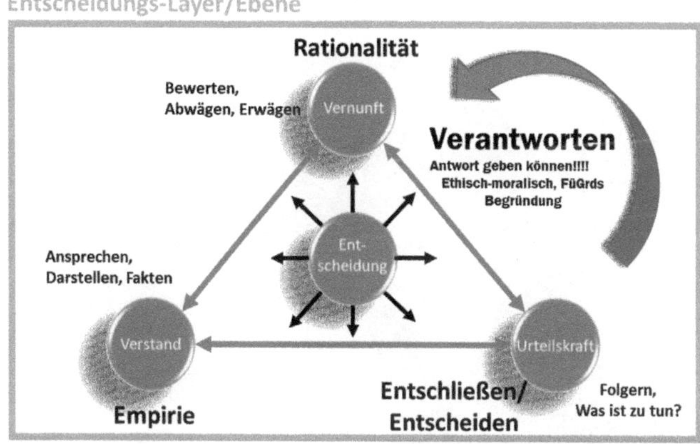

Abbildung 30: Die dritte Ebene des Theresianischen Führungsmodells[194]

Hier treffen Empirie und Rationalität als Gegensätze aufeinander, um sich mittels der Urteilskraft zu einer Entscheidung zu synthetisieren.[195] Dieses Prinzip des Ansprechens, Bewerten und Folgern ist wesentlich, um gut begründet und vor allem nachvollziehbar zu einer Entscheidung zu gelan-

---

[194] Abbildung durch die Verfasser erstellt.

[195] Vgl. Kunovjanek, Georg; Maier, Georg: Die militärische Führung im Lichte von Niccolo Machiavelli, in: Österreichische Militärische Zeitschrift, LIX. Jahrgang, Heft 5, Wien 2021, S. 560.

gen. Hier lassen sich schon wesentliche Kriterien der Wissenschaftlichkeit erkennen.

Hinzu tritt noch die Verantwortung für die Entscheidung, also Auskunft darüber geben zu können, warum man die Entscheidung so getroffen hat, wie sie getroffen wurde. Betrachtet man die inhaltliche Ausgestaltung der Schritte dieses Verfahrens, so muss hier nochmals auf die Einteilung der Typen von Problemen nach dem Cynefin-Framework eingegangen werden.

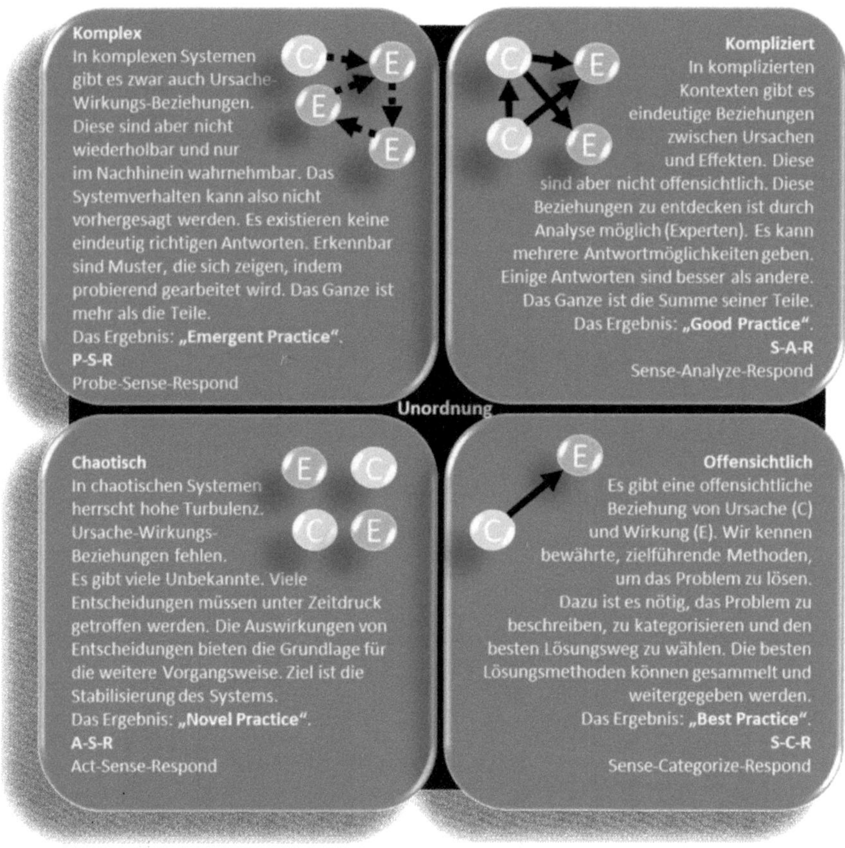

Abbildung 31: Das Cynefin-Framework[196]

---

196 Vgl. Heise, Gregor: Komplexität meistern mit dem Cynefin-Framework, 2017. https://www.heisetraining.at/komplexitaet-meistern-mit-cynefin-framework/ [21.12.2021] Abbildung durch die Verfasser erstellt.

Bei einem offensichtlichen Problem ist das klassische Ansprechen-Bewerten-Folgern mit dem darauf aufbauenden Entschluss anzuwenden. Hier ist das Bewerten als Kategorisierung des Problems zu verstehen, auf deren Basis dann, mittels der Urteilskraft, eine Entscheidung zu fällen ist. Ist die Problemstellung von komplizierter Art, so ist im Rahmen der Rationalität eine Analyse hinsichtlich der Ursache-Wirkungs-Zusammenhänge anzustellen und darauf aufbauend die Entschlussfassung durchzuführen.

Bei einem komplexen Problem ist, im Rahmen der Empirie, mittels Experiments festzustellen, wie sich die Zusammenhänge zwischen Ursache und Wirkung darstellen, um nach Mustern zu suchen, welche die Grundlage für eine Bewertung und die anschließende Entscheidung sind. In chaotischen Problemlagen sind Entscheidungen ohne ausreichende Informationen, also heuristisch zu treffen. Durch mehrmaliges Durchlaufen des Prozesses kann dann, im Zuge einer stetigen Annäherung, ein Zustand der Normalisierung erreicht werden.

Die Offenheit des Entscheidungs-Layers lässt also eine Anwendung auf die unterschiedlichen Problemlagen zu. Legt man nun diese Ebene über die beiden anderen, so sollte die Entscheidung mit der Führung und dem Problem in Deckung sein. Auch der Bezug der drei Faktoren zu den drei Faktoren der jeweiligen anderen Ebenen ist hier einfach zu erkennen.

5.6 Vom Problem-Layering als Umsetzung des Theresianischen Führungsmodells

Verstand, Denken und Raum bilden eine Achse, in der es um die Analyse der vorliegenden Problemstellung geht. Dieser Teil ist wesentlich, um feststellen zu können, um was es sich denn bei dem Problem überhaupt handelt. Die Achse Vernunft, Führen und Kraft ist für die Bewertung der vorliegenden Situation und die Aufbereitung einer Entscheidung essenziell.

Mit ihr startet die Synthese zur Problemlösung. Schließlich vervollständigt die dritte Achse Urteilskraft, konkretes Tun und Zeit das Modell und führt das Problem einer Lösung zu und schließt die Synthese ab. Einem Molekül gleich, liegen nun alle drei Ebenen (Layer) übereinander und beeinflussen einander auf unterschiedlichen Wegen gegenseitig. Dieses Modell ist auf alle Problemlagen anwendbar und wird, durch die spezifische Ausgestaltung der einzelnen Faktoren, an die jeweilige Situation angepasst.

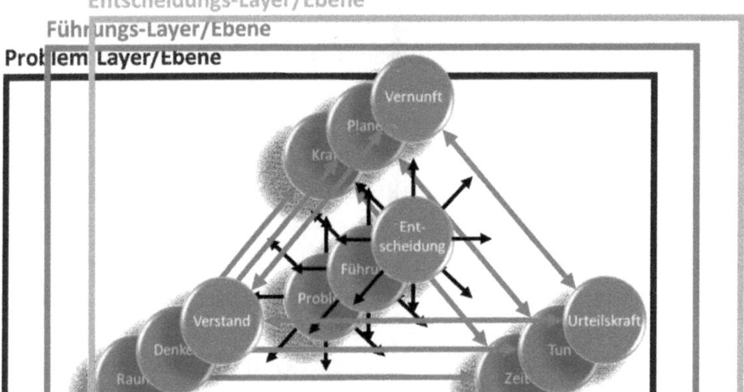

Abbildung 32: Das Theresianische Führungsmodell und seine verschiedenen Layer[197]

Das Zusammenspiel der drei in der Mitte platzierten Faktoren, von Problem, Führung und Entscheidung, ist wesentlich für das Funktionieren des Modells. Das Problem ist der das Führungshandeln auslösende Faktor. Dieser Führungsmoment soll durch eine entsprechende Führung adressiert werden. Diese basiert auf einer zu dem Führungsmoment und der Führung stimmigen Entscheidung. Die Entscheidung passt also auf die Führung und diese wiederum auf das Problem. Erst wenn diese Achse in Einklang gebracht wird, ist erfolgreiche Führung möglich und das Führungsmodell entfaltet seine Wirkung. Dieser Einklang der drei Faktoren bedeutet Erfolg.

Doch wie passt dieses Modell, welches ein Problem auf unterschiedlichen Ebenen betrachtet und bearbeitet, zum militärischen Führungsverfahren? Dazu richten wir unseren Blick zunächst auf das „Taktische Führungsverfahren", welches den Kern des militärischen Führungsprozesses darstellt. Die sieben Elemente dieses Verfahrens spiegeln sich auch in den Bausteinen des Theresianischen Führungsmodells wider.

[197] Abbildung durch die Verfasser erstellt.

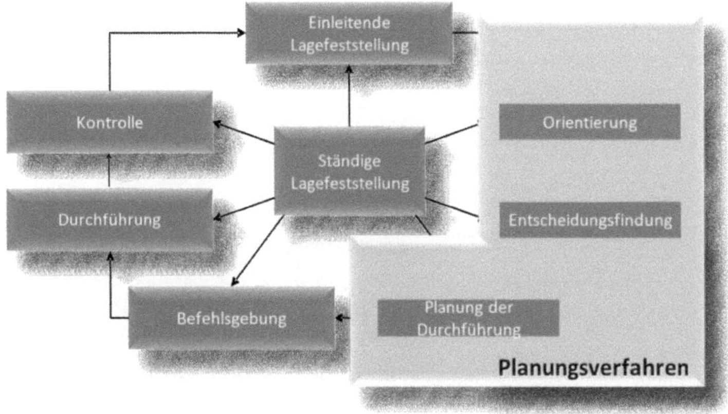

Abbildung 33: Das Taktische Führungsverfahren[198]

Sowohl auf den jeweiligen Ebenen des Modells als auch auf den beschriebenen Achsen finden sich Bezüge zum Führungsverfahren. So wird die erste Ebene des Theresianischen Führungsmodells durch die Lagefeststellung und die Orientierung abgedeckt. Es wird hier das Problem nach den taktischen Faktoren identifiziert und dargestellt. Die zweite Ebene des Theresianischen Führungsmodells spiegelt sich im ganzen „Taktischen Führungsverfahren“ wider.

Vom Problemaufriss, über die Zielformulierung, die Planung der Umsetzung, bis zur Umsetzung durchläuft das Führungsverfahren die gesamte zweite Ebene des Theresianischen Führungsmodells. Die dritte Ebene wird vor allem durch die Entscheidungsfindung repräsentiert, geht aber über diese bei weitem hinaus und kann als eigenes Führungsverfahren verstanden werden, in dem sich das gesamte „Taktische Führungsverfahren“ wiederfindet.

Wenn wir nun nur das Planungsverfahren als Teil des Führungsverfahrens herausgreifen, lassen sich die verschiedenen Layer des Theresianischen Führungsmodells zu den einzelnen Schritten zuordnen, wobei der Layer, der sich mit der Führung beschäftigt, über das Planungsverfahren hinausreicht, da er ja auch das konkrete Handeln, das Tun beinhaltet.

198 BMLVS: DVBH Taktisches Führungsverfahren, Wien 2012, S. 17. Abbildung durch die Verfasser erstellt.

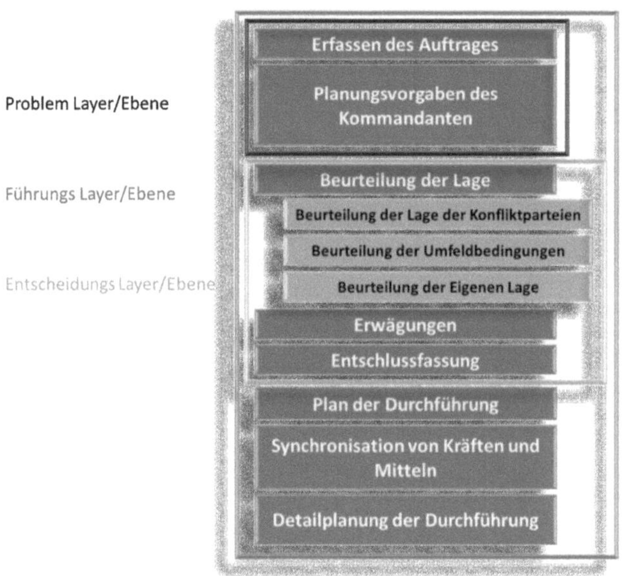

Abbildung 34: Das Planungsverfahren und die Zuordnung zu den Ebenen des TFM[199]

Hier zeigt sich klar der Nutzen der Ausbildung mit den Methoden der Taktik, um die Führungskompetenz von potentiellen Führungskräften zu fördern und zu entwickeln. Das „Taktische Führungsverfahren" mit dem darin integrierten Planungsverfahren berührt die unterschiedlichen Ebenen/Layer des Theresianischen Führungsmodells in unterschiedlicher Ausprägung und wendet dieses, als Denken, Planen und Umsetzen, zur Lösung einer (militärischen) Problemstellung, an.

Entwickelt und erprobt wurde das TFM im Rahmen einer Kooperation mit der Universität Graz. Im Rahmen eines gemeinsam entwickelten Führungskräfte-Seminars konnte das Modell erfolgreich vermittelt und angewandt werden. Mit der Darstellung des sogenannten Combined Leadership Trainings schließt sich der Kreis, von der ideengeschichtlichen Auseinandersetzung mit dem Führungsbegriff, über die Methoden der Entwicklung von Führungskompetenz, hin zum dem der Problemlösung zu Grunde liegenden Modell. Die daran anschließende Beschäftigung mit den Parametern einer

199 Vgl. BMLVS: DVBH Taktisches Führungsverfahren, Wien 2012, S. 49-104. Abbildung durch die Verfasser erstellt.

kunstvollen Führung, oder anders ausgedrückt, mit der Kunst des Führens, beschließt die Ausarbeitung zum „neuen" Theresianischen Führungsmodell.

5.7 Von der experimentellen Umsetzung des TFM im Rahmen des Combined Leadership Trainings (CLT)[200]

> „Wie aus einigen Studien hervorgeht, wird bzw. ist das Thema Führungsqualität eines der Top-Themen für Personalabteilungen von Unternehmen. Die Untersuchungen zeigen einen Zusammenhang zwischen den Führungskompetenzen des Führungspersonals und dem Erfolg eines Unternehmens. Genau hier findet sich allerdings auch noch großes Verbesserungspotential. Grundsätzlich gilt, dass sich die Kompetenzen einer Führungskraft am besten in praxisnahen Simulationen erlernen und festigen lassen. Dies erleichtert die Übernahme von gelernten Techniken in den beruflichen Alltag und erhöht somit die Effektivität der Maßnahmen."[201]

Auf Initiative der Abteilung Personal- und Organisationsentwicklung der Universität Graz wurde, gemeinsam mit dem Institut für Offiziersausbildung der Theresianischen Militärakademie, ein Seminar entwickelt, das zum Ziel hat, der Führungskräfteentwicklung innerhalb und außerhalb der beiden Institutionen einen innovativen Charakter zu verleihen.

In Kooperation mit der Militärakademie wurde vom Team der Universität Graz ein forderndes Angebot für junge wie auch erfahrene Führungskräfte zusammengestellt, um den unterschiedlichen Bedürfnissen in der Führungsarbeit gerecht zu werden. Die Militärakademie und die Universität haben sich in dieser Kooperation zum Ziel gesetzt, Elemente des bewährten Führungstrainings der Theresianischen Militärakademie und der Führungsausbildung der Universität Graz zu verbinden.

---

200 Anm. d. Verf.: Die Inhalte dieses Kapitels stammen aus einer Publikation, welche durch einen der beiden Autoren im Rahmen eines Jahresberichtes über die Tätigkeiten des Instituts für Offiziersausbildung an der Theresianischen Militärakademie verfasst wurde. Vgl. Kunovjanek, Georg: Combined Leadership Training CLT. Planen, handeln, reflektieren – Neue Perspektiven von Führung erleben, in: Alma Mater Theresiana, Jahrbuch 2018, Wiener Neustadt 2018, S. 91-98.

201 Lugger, Kurt-Martin: Führungskräftelabor – Warum Sie in Ihre Führungskräfte investieren sollten. https://www.fuehrungskraeftelabor.at/f%C3%BChrungskr%C3%A4ftelabor/warum/ [03.01.2023]

Entstanden ist ein besonderes Training für Führungskräfte aller Bereiche, welches die Grundkompetenzen der Führung – Rollenklarheit, Selbstreflektion und Entscheidung – in den Vordergrund stellt. Führungslernen ist Erfahrungslernen – unter diesem Motto findet das Führungskräftetraining statt. Das reduzierte taktische Führungsverfahren und das Theresianische Führungsmodell werden mit Methoden des Plan- und Rollenspiels kombiniert und zur Selbstreflektion eingesetzt. Ein weiterer Aspekt ist die Vernetzung der Teilnehmer und der Austausch über deren Führungserfahrungen untereinander. Das Combined Leadership Training gliedert sich in fünf Abschnitte, welche auf zwei Tage verteilt abgewickelt werden.

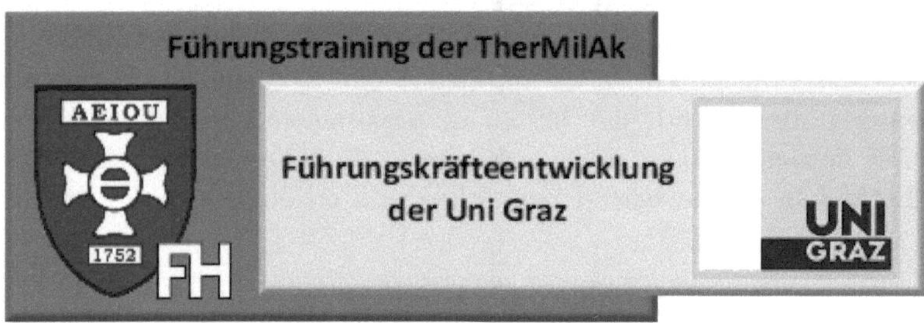

Abbildung 35: Das Logo des Combined Leadership Trainings[202]

5.7.1 Vom Zweck des Combined Leadership Trainings

Es geht bei diesem Führungskräftetraining in erster Linie darum, sich seiner Führungsrolle bewusst zu werden und sich in verschiedenen Situationen als Geführte bzw. Führungskraft auszuprobieren. Dinge, die man vorher noch nie gemacht hat bzw. noch nie bewusst gemacht hat, zu erfahren, ist dabei die Methode zur Zielerreichung. Es geht darum, eine Sensibilisierung zu erzeugen und die Teilnehmer in ihrem Selbstvertrauen hinsichtlich ihrer Entscheidungen voranzubringen. Die Vermittlung einfacher Führungsprinzipien und -grundsätze soll dabei unterstützen. Das Bewusstmachen von Mechanismen erfolgreicher Führung, unter Ausnutzung gegenseitiger Interaktion und Kommunikation, zielt auf eine strukturierte Reflektion der Inhalte und des Erlebten ab.

---

[202] Quelle: Personal- und Organisationsentwicklung Karl-Franzens Universität Graz: Führung – Entscheidung – Reflexion. https://www.focusfuehrung.at/combined-leadership-training/ [03.01.23]

Zu erkennen, was Führung ermöglicht bzw. was passiert, wenn keine Führung erfolgt, steht dabei stets im Mittelpunkt des Seminars. Hilfsmittel zur Lösung von Herausforderungen, die letztlich einen Führungsprozess anregen, werden im Rahmen des zweitägigen Ausbildungsganges bereitgestellt. Am Ende dieser Weiterbildung verfügt jeder Teilnehmer über eine Tool-Box, aus der er/sie die für die jeweilige Führungssituation passenden Werkzeuge entnehmen kann. Kern dieser Tool-Box ist das Theresianische Führungsmodell mit dem darin enthaltenen intersubjektiv nachvollziehbaren Entscheidungsprozess.

5.7.2 Vom Aufbau des Combined Leadership Trainings

Das zweitägige Seminar beinhaltet, wie bereits erwähnt, im Wesentlichen fünf große Ausbildungssequenzen. Der erste Ausbildungsblock beschäftigt sich mit der Initiative im Führungshandeln und wird mittels eines sogenannten Score-Runs durchgeführt. Dieser Score-Run ist eine Orientierungsaufgabe im Gelände, bei der es darum geht, sich in der Gruppe für eine Routenwahl zu entscheiden.

Abbildung 36: Die Score-Run Planung[203]

[203] Quelle: Personal- und Organisationsentwicklung Karl-Franzens Universität Graz: Führung – Entscheidung – Reflexion. https://www.focusfuehrung.at/combined-leadership-training/ [03.01.23]

Die Teilnehmer werden dazu in kleine, bis zu fünf Personen starke Teams eingeteilt. Es gilt, sich hier erstmal als Team zu finden und die Aufgabenstellung zu erfassen. Anschließend ist eine Route durch einen vorgegebenen Parcours zu wählen, die einerseits so viele Punkte wie möglich kreiert und andererseits rasch abgeschlossen werden kann. Das Team kann sich dabei selbst organisieren und auch die Art der Durchführung der gestellten Aufgabe ist freigestellt. Neben der bestmöglichen Lösung sollen aber auch die Interaktionen innerhalb der Gruppe beobachtet werden, um so die Führungsarbeit sichtbar zu machen. Die dabei festgehaltenen Situationen bilden dann auch die Basis für das Führungskräftelabor (FKL).

Abbildung 37: Der Score-Run[204]

Der zweite Block besteht aus einer theoretischen (planerischen) Übung im Rahmen eines Planspiels. Hier wird zunächst vorgestellt, wie es zu Führungssituationen kommt und mit welcher Methode das Militär an eine solche Problemstellung herangeht. Das „Taktische Führungsverfahren" ist dabei die Basis, wird für die mehrheitlich zivilen Teilnehmer „entmilitarisiert" und dadurch besser verständlich gemacht. Die Anwendung und Umsetzung des Theresianischen Führungsmodells ist dabei das Ziel.

---

[204] Quelle: Personal- und Organisationsentwicklung Karl-Franzens Universität Graz: Führung – Entscheidung – Reflexion. https://www.focusfuehrung.at/combined-leadership-training/ [03.01.23]

So ist die Planungsaufgabe, die im Rahmen dieser Planübung zu lösen ist, mit einem zivilen Szenario hinterlegt. Es handelt sich hierbei um das Planspiel „VITIS“[205], welches als Aufgabenstellung die Planung und Durchführung eines Weinvertriebes hat. Es geht im Wesentlichen darum, in einem festgelegten Markt eine bestimmte Menge an Wein auszuliefern und damit gegenüber einem Konkurrenten zu bestehen, der den selben Markt nutzen möchte.

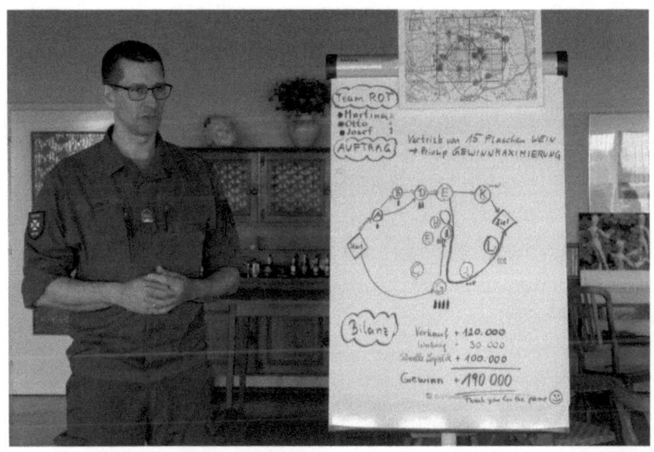

Abbildung 38: Die Planungsphase für das Planspiel „VITIS“[206]

Die Seminargruppe wird wiederum in zwei Teams eingeteilt und führt anschließend, unter Beobachtung des Ausbildungspersonals, die Planungstätigkeit durch. Ziel ist es, einen Plan unter Einhaltung bestimmter Planungs-/Spielregeln, zu entwerfen, welcher einen größtmöglichen Absatz in einer möglichst kurzen Zeitdauer verspricht, um dem Konkurrenten zuvorzukommen. Dieser Plan ist dann die Grundlage für den vierten Ausbildungsblock, die praktische Umsetzung. Damit soll die Problemanalyse- und Problemlösungsfähigkeit gestärkt werden.

---

205 Vgl. Kunovjanek, G; Maier, G.: Game Based Learning, Planspiel „VITIS“, in: Atlas der guten Lehre, Wien 2020. https://gutelehre.at/projekt?tx_gutelehre_default%5Baction%5D=show&tx_gutelehre_default%5Bcontroller%5D=Project&tx_gutelehre_default%5Bproject%5D=1039&cHash=38ddd86c4eed1ef5ebcb7e0c6451f009 [03.01.2023]

206 Quelle: Personal- und Organisationsentwicklung Karl-Franzens Universität Graz: Führung – Entscheidung – Reflexion. https://www.focusfuehrung.at/combined-leadership-training/ [03.01.23]

Block drei beschäftigt sich vor allem mit der Kommunikation und Selbstorganisation. Basierend auf den bereits in der Planübung angewandten Methoden wird der Seminargruppe eine Aufgabe gestellt. Diese Aufgabe besteht darin, dass sich die Gruppe selbst organisiert und eine Aufgabenzuteilung durchführt. Es geht darum, gemeinsam als Gruppe das Abendessen für alle zuzubereiten. Zusätzlich sind die verschiedenen Zutaten zu organisieren und anzuliefern. Dazu ist eine gewisse Aufbau- und Ablauforganisation zu gestalten. Die Etablierung von Führungsbeziehungen und der Kommunikation zwischen den Aufgabenträgern ist dabei eine besondere Herausforderung. Auch hier erfolgt eine Beobachtung der Vorgehensweise, um diese in einer Reflektion entsprechend nachbereiten zu können.

Der vierte Abschnitt ist die praktische Umsetzung der Planungen in der Lage „VITIS“. Dazu werden die beiden Planungsteams mit „Weinflaschen“[207] ausgestattet, die sie dann im Gelände anhand ihrer getroffenen Planungen auszuliefern haben. Es gilt, sich als Team so zu organisieren, dass der Plan umgesetzt werden kann, auch gegen die Absicht des Konkurrenten. Die Anzahl der „Weinflaschen“ und zu beliefernden Kunden ist in einem festgelegten Markt genau vorgegeben. Kunden, die von einem Team bereits beliefert wurden, können vom anderen Team nicht mehr angesteuert werden.

So ergibt es sich, dass aufgrund der vorliegenden aktuellen Lage im Verlauf der Übung Führungsentscheidungen getroffen werden müssen. Es erfolgt eine Anpassung des ursprünglichen Planes, auf Basis eines ständigen Soll-/Ist-Vergleiches. Hier ist das Ziel, möglichst brauchbare Entscheidungen zu treffen und das Selbstvertrauen in die eigenen Entscheidungen zu stärken. Durch die Beobachter wird es ermöglicht, auf verschiedene Führungssituationen, die während der Übung beobachtet wurden, in einer daran anschließenden Reflektion einzugehen.

---

207 Anm. d. Verf.: Es handelt sich hierbei um gefüllte Wasserflaschen, welche jeweils eine bestimmte Menge Wein repräsentieren.

Abbildung 39: Die Durchführungsphase für das Planspiel „VITIS“[208]

Der fünfte Abschnitt verfolgt die Schaffung von Rollenklarheit und Selbstreflektion. Im Führungskräftelabor erleben die Teilnehmer unter Anleitung eines Trainerteams verschiedene Führungssituationen und finden gemeinsam Möglichkeiten, künftig diese Gesprächs- und Führungssituationen professionell und gleichzeitig spielerisch zu meistern.

Abbildung 40: Das Logo des Führungskräftelabors[209]

„Das Führungskräftelabor vereint Elemente des Plan- und Rollenspiels […]“[210] und bietet einen sehr praxisnahen und nachhaltigen Zugang zum

208 Quelle: Personal- und Organisationsentwicklung Karl-Franzens Universität Graz: Führung – Entscheidung – Reflexion. https://www.focusfuehrung.at/combined-leadership-training/ [03.01.23]

209 Quelle: Personal- und Organisationsentwicklung Karl-Franzens Universität Graz: Führung – Entscheidung – Reflexion. https://www.focusfuehrung.at/combined-leadership-training/ [03.01.23]

Thema Führung. Szenarien mit unterschiedlich anspruchsvollen Führungssituationen (teilweise aus den praktischen Übungen gewonnen) bieten die Möglichkeit, Führungsverhalten und -methoden anzuwenden, zu modifizieren oder einfach Neues auszuprobieren.

Abbildung 41: Das Führungskräftelabor[211]

Die Auswahl der zu bearbeitenden Führungssituationen obliegt dabei den Teilnehmern. Auch im Bereich der Entwicklung von Projekt- oder Unternehmenskultur kann das Führungskräftelabor effizient eingesetzt werden.

> „Das Führungskräftelabor ist ein individuell anpassbares Qualifizierungsinstrument. Es ist insbesondere für Führungskräfte entwickelt worden, die noch nicht über jahrelange Führungserfahrung verfügen. Dies ergibt sich durch die geschützte Umgebung, die dieses Führungskräftelabor bietet. Denn hier können weniger erfahrene Führungskräfte gefahrlos experimentieren und lernen. Durch die Vielfalt der Fallvignet-

---

210 Lugger, Kurt-Martin: Führungskräftelabor – Das zeichnet unser Führungskräftelabor aus. https://www.fuehrungskraeftelabor.at/f%C3%BChrungskr%C3%A4ftelabor/das-labor/ [03.01.2023]

211 Quelle: Personal- und Organisationsentwicklung Karl-Franzens Universität Graz: Führung – Entscheidung – Reflexion. https://www.focusfuehrung.at/combined-leadership-training/ [03.01.23]

ten können auch herausfordernde Situationen für erfahrene Führungskräfte generiert werden."[212]

5.7.3 Von den Möglichkeiten der Nutzung für die Offiziersgrundausbildung

Vor allem die Ausbildungsblöcke zwei und vier eignen sich für eine Implementierung in die Ausbildung der Offiziersanwärter. Im Rahmen der Vermittlung des „Taktischen Führungsverfahrens" kann, hier am Beginn des Studienganges, ein Verständnis für diese Problemlösungsmethode geschaffen werden. Dabei lassen sich durch den praktischen Anteil die Planungen in eine Durchführungsphase überleiten, in der den Militärakademikern ein sehr plastischer Begriff von der Führungstätigkeit vermittelt wird.

Das noch dazu losgelöst vom militärischen Verwendungszweck anhand eines zivilen Beispiels, das sehr deutlich zeigt, dass diese Problemlösungsmethode und damit die Anwendung des Theresianischen Führungsmodells auch außerhalb des Militärs sehr zweckmäßig umgesetzt werden kann. Zusätzlich zum Erleben der konkreten Führungstätigkeit können auch noch andere Teilbereiche aus der Elementartaktik vermittelt werden.

Die Anwendung und Darstellung der verschiedenen Prinzipien und Grundsätze wird dadurch unterstützt. Durch das parallel zum CLT entwickelte Brettspiel können die Planungen immer wieder auch spielerisch, in der Form eines Kriegsspiels, zur Umsetzung gebracht werden und schaffen so, durch den kompetitiven Charakter, eine besondere Motivationslage, um sich mit der Taktik auseinanderzusetzen. Das Szenario ist zudem geländeunabhängig und kann somit in jeden beliebigen Raum transferiert werden.

Nach den ersten Durchläufen im Rahmen der Kooperation mit der Universität Graz wurde die räumlich adaptierte Variante im Rahmen der Kooperation mit dem FH-Bachelorstudiengang „Polizeiliche Führung" in der Lehrveranstaltung „Leadership Across Sectors" im Raum Wiener Neustadt durchgeführt. Für die Ausbildung der Militärakademiker werden Elemente dieses Seminars im Rahmen der Lehrveranstaltung „Grundlagen der militärischen Führung" umgesetzt.

In allen Phasen des Combined Leadership Trainings werden Elemente des Theresianischen Führungsmodells praktisch, zur Steigerung und Entwicklung der Führungskompetenz, angewendet. Dabei wird das TFM einer

[212] Lugger, Kurt-Martin: Führungskräftelabor – An wen richtet sich das Führungskräftelabor? https://www.fuehrungskraeftelabor.at/ [03.01.2023]

fortlaufenden Reflektion, vor allem auch durch Teilnehmer außerhalb der Militärakademie, unterzogen. Eine ständige Anpassung und Verfeinerung des Modells ist das Ergebnis. Diese quasi experimentelle Entwicklung und Überprüfung der Parameter des Modells sind wertvolle Faktoren, um ein offenes, zeitgemäßes, zukunftsfähiges und vor allem zu erfolgreicher Führung befähigendes Führungsmodell bereitzustellen.

Durch eine fortlaufende Evaluierung und Adaptierung der verschiedenen Ausbildungsblöcke soll das Theresianische Führungsmodell und die Qualität dieses Seminars auch in Zukunft weiterentwickelt werden.

6 Von der Kunst des Führens

Was macht kunstvolles Führen aus und welche Parameter sind hierbei zu berücksichtigen? Auf der Suche nach der Kunst des Führens wird man bei verschiedenen großen Denkern fündig. Daraus sollen, in konsequenter Weiterführung der Auswahl der einleitend verwendeten Philosophen, wiederum vor allem Clausewitz und Machiavelli herangezogen werden. Clausewitz spricht in seinem Werk „Vom Kriege" in erster Linie von der Kriegskunst.

> „Die Kriegskunst im eigentlichen Sinn wird also die Kunst sein, sich der gegebenen Mittel im Kampf zu bedienen, und wir können sie nicht besser als mit dem Namen Kriegführung bezeichnen."[213]

Da Krieg die extremste Form einer Problemstellung darstellt und sich Führung mit der Lösung von Problemen auseinandersetzt, ist die Kriegskunst in diesem Zusammenhang die extremste Ausprägung der Kunst des Führens. Die gegebenen Mittel sind jene Ressourcen, die es zur Erzielung des Erfolges braucht. Bezogen auf die Führung sind dies der Mensch – als Führungskraft und Geführter – sowie die richtigen Führungswerkzeuge. Führung geht dabei, in seiner höchsten Ausprägung, über die Kunst hinaus und greift in den Bereich der Wissenschaft ein.

Wie sich diese beiden Sphären der Auseinandersetzung mit der Kompetenzentwicklung von Führungskräften zueinander verhalten und welche ergänzenden Überlegungen die Balance zwischen Kunst und Wissenschaft begünstigen, soll im Folgenden kurz angesprochen werden. Ziel ist auch hier, nicht eine Lösung zu präsentieren, sondern den Geist zu weiteren Überlegungen anzuregen. Die Förderung der Reflektionsfähigkeit sowie die Argumentationsfähigkeit sollen hier gesteigert werden. Dabei ist eine durchaus kritische Würdigung angestrebt.

213 Clausewitz, Carl von: Vom Kriege, Nikol Verlag, Hamburg 2016, S. 106.

6.1 Kunst versus Wissenschaft

> „Alles Denken ist ja Kunst. Wo der Logiker den Strich zieht, wo die Vordersätze aufhören, die ein Resultat der Erkenntnis sind, wo das Urteil anfängt: da fängt die Kunst an.“[214]

In Fortführung dieses Zitates sind, bezogen auf das Theresianische Führungsmodell, Verstand und Vernunft der Sphäre der Wissenschaft zuzurechnen. Eine wissenschaftlich akademische Ausbildung/Bildung ist somit Vorbedingung für eine Urteilsbildung, für das Treffen einer Entscheidung bzw. eines Entschlusses. Wie die Fakten und deren Bewertung schließlich in einen erfolgversprechenden Entschluss gefasst werden und dieser zur Umsetzung gelangt, ist dann Kunst, die Kunst des Führens.

> „Die Welt, in der wir leben, ist gefährlich, unübersichtlich, bisweilen auch unberechenbar. In einer solchen Zeit brauchen wir Akademiker und Experten mehr denn je.“[215]

Vielfach wird davon gesprochen, dass die Welt sich zunehmend unbeständig, unsicher, komplex und mehrdeutig präsentiert.[216] Haben diese Faktoren nun eine „neue“ Auswirkung auf Führung oder hat sich nur das Bezugssystem von lokaler bzw. regionaler Perspektive auf eine globale Sichtweise geweitet? Letztlich sind Probleme, die ein Führungshandeln auslösen, immer schon durch diese Faktoren gekennzeichnet, allerdings hat sich der mögliche Konfliktraum zunehmend entgrenzt. „Je schneller sich die Zeit überwinden lässt, umso kleiner wird die Welt.“[217]

Auch Hybridität ist ein Faktor, den es seit langer Zeit, im Zuge von Konflikten, zu beobachten gilt. Wenn man das Wesen der Hybridität als die „Verschleierung der Wirklichkeit zur Wehrlosmachung des gegnerischen

---

[214] Ebd., S. 135.

[215] Rieks, Ansgar: Geistiger Stillstand ist Rückschritt: Gedanken zu „Bildung und Offizierberuf“, German Institute for Defence and Strategic Studies, Hamburg 2021, S. 4.

[216] Vgl. Marahrens, Sönke (Projektltg.): Führen von morgen, Deutsche Übersetzung Juli 2021, MCDC 2019/20, German Institute for Defence and Strategic Studies, Hamburg 2021, S. 1f.

[217] Precht, Richard David: Jäger, Hirten, Kritiker – Eine Utopie für die digitale Gesellschaft, Goldmann Verlag, München 2018, S. 164.

Willens“[218] versteht, so ist diese Erscheinungsform des Konfliktes stets Begleiter des Menschen gewesen und wird es in Zukunft auch noch sein. Führung, speziell im Konflikt als ultimatives Problem, hat sich mit diesem Phänomen also auch schon in der Vergangenheit auseinandersetzen müssen. Komplexität als Faktor, welcher vor allem auf der potenziellen globalen Ausdehnung des Konfliktes bzw. der Problemzonen beruht, wird zudem noch von einer Informationsflut begleitet, welche auf den ersten Blick dazu verleitet, diese mit ebenso komplexen Lösungen zu beantworten.[219]

Neben dem kunstvollen Urteil ist hier jedoch eine akademische Bildung der Führungskräfte deshalb notwendig, um für komplexe Probleme „einfache“ Lösungen zu finden. Sich nicht in der Komplexität zu verlieren, um rechtzeitig Entscheidungen treffen zu können, ist eine wesentliche Kompetenz von modernen Führungskräften. Dies ist angesichts technologischer Entwicklungen, auf welche noch an anderer Stelle näher eingegangen wird, von enormer Bedeutung. Dabei ist nicht die Komplexität des Problems zu reduzieren, dies kann zu unbrauchbaren bzw. falschen Lösungen führen, sondern die Lösungen sind so „einfach“ zu gestalten, dass sie in erster Linie das Problem adressieren und rechtzeitig zur Umsetzung gelangen.[220] Informationsüberlegenheit, im Sinne eines zielgerichteten Umgangs mit Informationen, führt zur Führungs- und daraus abgeleitet zur Entscheidungsüberlegenheit.

Die Fähigkeit, mit Hilfe der Heuristik rechtzeitig brauchbare Entscheidungen in Handlungen umzusetzen, kann dazu führen, Probleme erfolgreich zu lösen (oder aber in einem Konflikt den Gegner hinsichtlich seiner Entscheidungen zu unterlaufen und schließlich zu besiegen). Entscheidend bleibt hier das System von Führungskraft und Geführten, welches sich über die verschiedenen Führungsebenen fortsetzt. Dieses Verhältnis setzt auch eine entsprechende Durchsetzungsmacht voraus. Wie bereits dargestellt, soll diese, im Sinne einer „Potentia“, die Handlungen und natürlich auch die Führung kanalisieren.[221]

Dies zum Zweck einer erfolgreichen Führung. Um diese zu erreichen, sind beide Bereiche, die Wissenschaft als Basis einer Entscheidung und die

---

218 Definition der Verfasser.

219 Vgl. Rieks, Ansgar: Geistiger Stillstand ist Rückschritt: Gedanken zu „Bildung und Offizierberuf“, German Institute for Defence and Strategic Studies, Hamburg 2021, S. 4f.

220 Vgl. Marahrens, Sönke (Projektltg.): Führen von morgen, Deutsche Übersetzung Juli 2021, MCDC 2019/20, German Institute for Defence and Strategic Studies, Hamburg 2021, S. 11f.

221 Vgl. Kunovjanek, G; Maier, G.: Die Militärische Führung im Lichte von Niccolo Machiavelli - Gedanken zum modernen Führungsbegriff aus historisch-philosophischer Sicht, in: Österreichische Militärische Zeitschrift, LIX. Jahrgang, Ausgabe 5/2021, Wien 2021, S. 556.

Kunst als die kreative – im Sinne einer erschaffenden Kreativität – Urteilskraft zur Entscheidungsfindung und Umsetzung in eine konkrete Handlung, notwendig.

> „Mit einem Wort: wenn sich ein menschliches Wesen mit bloßem Erkenntnisvermögen ohne Urteil ebensowenig als umgekehrt denken läßt, so können auch Kunst und Wissen nie ganz rein voneinander geschieden werden."[222]

Das Militär hat, im Zusammenhang mit nichtlinearen Denkansätzen, dem Umgang mit der Heuristik und dem Denken jenseits von Normen, grundsätzlich eine Herausforderung zu bestehen.

Die Sozialisation militärischer Führungskräfte folgt nach wie vor tradierten Wertemodellen, welche allerdings nicht auf alle Probleme anwendbar sind. Speziell bei komplexen Herausforderungen sind aber genau solche Denkmodelle für die Entscheidungsfindung notwendig. Die Implementierung des kritischen Geistes, im Machiavellistischen Sinn, ist hier notwendig. Diese Andersartigkeit, die durchaus als unbequem empfunden werden kann, zuzulassen, ist für die Entwicklung von Entscheidungskompetenz essenziell.

> „Ein Offizier, der voll von guten Ideen ist, aber keine Gelegenheit hat, Initiative zu beweisen, verbraucht allmählich seinen Energievorrat, wird apathisch und beginnt oberflächlich zu arbeiten."[223]

Hier setzt die akademische Bildung des Offiziers an, denn:

> „Zu dieser Initiative und Selbstständigkeit sind nur gebildete, entschlossene und willensstarke Offiziere fähig."[224]

Wissenschaft und Kunst bedingen einander in einem dialektischen Zusammenhang, eine Entscheidung basiert stets auf beidem.

---

[222] Clausewitz, Carl von: Vom Kriege, Nikol Verlag, Hamburg 2016, S. 135.

[223] Iwanow, D. A.; Saweljew, W. P.; Schemanski, P.W.: Grundlagen der Truppenführung, Militärverlag der DDR, Berlin 1973, S. 146f.

[224] Ebd., S. 146f.

6.2 Komplexität versus Reduktion

Der Ansatz, welcher beim Umgang mit komplexen Problemen angewandt werden kann, liegt nicht in der Reduktion der Komplexität des Problems, sondern in der Reduktion des der Problemlösung zu Grunde liegenden Prozesses. Diese Prozessreduktion kann, in Verbindung mit der Berücksichtigung der komplexen Problemfaktoren, zu brauchbaren Ergebnissen in ansprechender Zeit führen.[225] Dies ist durch die Anwendung des Theresianische Führungsmodells auch in nichtlinearen und komplexen Problemlagen möglich.

Eben auf Grund seines reduzierten, aber offenen und andere Faktoren berücksichtigenden Charakters ist dieses Modell auch in modernen, komplexen Situationen anwendbar. Von komplexen Problemen spricht man dann:

> „Wenn die Zusammenhänge zwischen Ereignissen nicht klar sind, handelt es sich um komplexe Situationen oder vertrackte Probleme. Allen Analysen zum Trotz sind diese Probleme äußeren Einflüssen unterworfen, von denen nicht alle bekannt sind."[226]

Die Disziplin der Heuristik hilft hier, den Prozess zu optimieren, also den Denkansatz, mit dem eine Lösung erarbeitet werden kann, ohne alle Faktoren bis ins Detail zu kennen.

Vor allem in Hinblick auf die Hybridität, deren Zweck, wie bereits beschrieben, die Verschleierung der Wirklichkeit ist, stellt hier besondere Herausforderungen an eine entsprechende heuristische Vorgehensweise. Diese Denk- bzw. Problemlösungsmethode muss geübt sein, um sie erfolgreich anwenden zu können. Die klassische militärische Führungskräfteausbildung verfolgt einen reduktionistischen Ansatz zur Lösung von vor allem komplizierten, Problemen.[227] Diese kognitive Prägung wird dann oftmals auch im Rahmen der Lösung von komplexen Problemen angewandt. Die potenziellen militärischen Führungskräfte sind daher schon in ihrer Grundausbildung mit alternativen (heuristischen) Lösungsmethoden zu konfrontieren und in deren Anwendung stets weiterzuentwickeln.

---

[225] Vgl. Gigerenzer, Gerd: Risiko, Wie man die richtigen Entscheidungen trifft, Pantheon, München 2020, S. 47f.

[226] Marahrens, Sönke (Projektltg.): Führen von morgen, Deutsche Übersetzung Juli 2021, MCDC 2019/20, German Institute for Defence and Strategic Studies, Hamburg 2021, S. 12f.

[227] Vgl. ebd., S. 11f.

Das Denken abseits von Checklisten und Schemata, basierend auf einem einfachen Modell, welches situationsbedingt adaptiert werden kann, ist hier der zu verfolgende Ansatz.

> „In einer Gesellschaft, die sich an Menschen ausrichtet, darf nicht zu viel normiert werden, um abweichendes Denken und Verhalten nicht zu beschneiden.“[228]

Dies bedingt auch eine akademische Auseinandersetzung mit unterschiedlichen Denk- und Lösungsansätzen.

Je mehr adaptiv einzusetzende Führungswerkzeuge zur Verfügung stehen, umso größer wird der adaptive Werkzeugkasten der Führungskraft.[229] Mit einem kreativen Einsatz dieser Werkzeuge, im Sinne ihrer Anwendung abseits des normativen, konformen Gebrauchs, werden Führungsentscheidungen zu erfolgreichen Problemlösungen führen, auch für komplexe Herausforderungen.

6.3 Empirie versus Rationalität

Der Denkprozess einer Führungskraft setzt sich aus der sinnlichen Erkenntnis (der sinnlichen Erfahrung) und der rationalen Erkenntnis (dem abstrakten Denken) zusammen.[230] Ähnlich wie die Theorie die Praxis braucht, um das Denken in konkrete Handlungen zu transferieren, braucht die Empirie die Rationalität, um zu Problemlösungen zu gelangen. Die Versuchung, der Empirie eine überzeichnende Rolle zuzugestehen, ist groß.[231]

Dinge quantifizierbar zu machen, übt einen großen Reiz auf Führungskräfte aus. Führung an Ergebnissen festzumachen und diese auch noch messen zu können, ist dem Menschen eine starke Verlockung.

---

[228] Precht, Richard David: Jäger, Hirten, Kritiker – Eine Utopie für die digitale Gesellschaft, Goldmann Verlag, München 2018, S. 199.

[229] Vgl. Marahrens, Sönke (Projektltg.): Führen von morgen, Deutsche Übersetzung Juli 2021, MCDC 2019/20, German Institute for Defence and Strategic Studies, Hamburg 2021, S. 14.

[230] Vgl. Iwanow, D. A.; Saweljew, W. P.; Schemanski, P.W.: Grundlagen der Truppenführung, Militärverlag der DDR, Berlin 1973, S. 227.

[231] Vgl. Precht, Richard David: Jäger, Hirten, Kritiker – Eine Utopie für die digitale Gesellschaft, Goldmann Verlag, München 2018, S. 160.

„Doch in einer Gesellschaft, in der viele schlaue Apparaturen alles messen, ist es nicht leicht, den Tag anders zu bewahren als in Daten. Wer sich unentwegt misst, tritt zu sich selbst in eine exzentrische Position. Er behandelt sich selbst als Objekt, statt einfach nur zu sein."[232]

Um mittels der Urteilskraft eine Entscheidung zu treffen, braucht es mehr als nur den messbaren Teil einer Problemstellung. Die Beurteilung, das Bewerten der empirisch erhobenen Daten, die Bedeutungssetzung der Fakten, ist der wesentliche Teil, um Entscheidungen treffen zu können.

Denn es muss stets bewusst bleiben:

„Die messbare Seite der Welt ist nicht die Welt, sondern nur die messbare Seite der Welt."[233]

Um das Messbare richtig einschätzen und bewerten zu können, ist die Rationalität im Sinne eines abstrakten Denkvermögens notwendig. Dieses abstrakte Denkvermögen bedarf einer entsprechenden (akademischen) Bildung.

Bildung ist nach Precht immer auch Herzensbildung, die nicht nur auf Verstand und Vernunft basiert, sondern Fragen der Moral und Urteilsbildung miteinfließen lässt.[234] „Messen und Messbares richtig einzuschätzen ist eine Bildungsfrage."[235] Hier geht es nicht nur um das Erkennen von vorliegenden Fakten, sondern um deren Interpretation und deren Zusammendenken zu möglichen Antworten auf die komplexen Herausforderungen unserer Zeit.

Es geht „[...] von der lebendigen Anschauung zum abstrakten Denken und von diesem zur Praxis [...]."[236] Nur auf das abstrakte Denkvermögen zurückzugreifen, ist genauso unvollständig für die Erarbeitung einer Problemlösung, wie sich nur der Empirie zuzuwenden. Erst das Aufbauen auf der Anschauung einer Situation ermöglicht dem abstrakten Denken, eine Entscheidungsgrundlage zu liefern.

Beides dient, im Entscheidungs-Layer des Theresianischen Führungsmodells, der Sphäre der Wissenschaft, während die Urteilskraft zur Ent-

---

232 Ebd., S. 160.

233 Ebd., S. 160.

234 Vgl. ebd., S. 171.

235 Ebd., S. 171.

236 Iwanow, D. A.; Saweljew, W. P.; Schemanski, P.W.: Grundlagen der Truppenführung, Militärverlag der DDR, Berlin 1973, S. 227.

scheidungsfindung, als kreativer Schaffungsakt, der Sphäre der Kunst zuzuordnen ist.

> „[…] wo Schaffen und Hervorbringen der Zweck ist, da ist das Gebiet der Kunst; die Wissenschaft herrscht, wo Erforschen und Wissen das Ziel ist."[237]

Das Theresianische Führungsmodell verbindet also zum einen Kunst und Wissenschaft, zum anderen die Komplexität des Problems mit der Reduktion in der Problemlösung und weiter auch Empirie mit Rationalität.

Die Offenheit des Modells und dessen Anwendung geht Hand in Hand mit der akademischen Bildung der Führungskräfte, welche dieses zur Anwendung bringen sollen. Diese Bildungskomponente hat, wie bereits kurz angedeutet, auch eine hohe Relevanz für den Umgang mit Technologien, die auch zur Unterstützung der Entscheidungsfindung herangezogen werden können oder diese gänzlich zu übernehmen im Stande sind.

6.4 Führungsverantwortung versus Technologie

Hier soll der Frage nachgegangen werden, ob das Auslagern der Entscheidung an technische Einrichtungen (Künstliche Intelligenz, Entscheidungsautomaten, kybernetische Systeme, etc.), also die Enthumanisierung der Entscheidungsfindung, die Zukunft der Führung sein kann. Betrachtet man die Führungsleistung, so liegt der Schluss nahe, dass eine Enthumanisierung der Entscheidungsfindung zwangsläufig zur Führungsüberlegenheit führen muss. Die Führungsleistung ist abhängig von der Quantität und der Qualität der Führungsentscheidungen.[238]

Die technisch unterstützte Entscheidungsfindung ermöglicht es, Entscheidungen in größerer Anzahl pro Zeiteinheit zu treffen. Informationen können in großer Menge viel schneller verarbeitet werden, als dies einem Menschen möglich ist. In Bezug auf die Quantität von Führungsentscheidungen ist die Technologie dem Menschen im Vorteil. Doch wie sieht es mit der Qualität der Entscheidungen aus und woran misst man diese? Vielfach sind Entscheidungen, hinsichtlich ihrer Qualität, erst im Nachhinein beurteilbar. In der konkreten Situation wirken sehr viele Faktoren auf eine Entscheidung ein.

---

[237] Clausewitz, Carl von: Vom Kriege, Nikol Verlag, Hamburg 2016, S. 135.
[238] Vgl. BMLV: DVBH Taktischer Führungsprozess, Wien 2019, S. 41f.

Viele dieser Faktoren sind auch nur schwer messbar, man denke hier an die Erfahrung einer Führungskraft, an ihre Intuition, die sogenannten evolvierten Fähigkeiten des Gehirns. Dieses Wiedererkennungsgedächtnis nährt sich aus dem Sammeln von unterschiedlichen Erfahrungen. Diese sind wiederum mit entsprechenden Emotionen gekoppelt, die es so ermöglichen, trotz Informationsdefizits, gute und brauchbare Entscheidungen zu treffen. Diese Fähigkeit braucht der Mensch, da er nicht in der Lage ist, viele Informationen so zeitgerecht zu verarbeiten, dass er zu einer brauchbaren Entscheidung kommt, die auch noch ihre Wirkung entfalten kann.

Im Gegenteil, je mehr Information zur Verfügung steht und umso detailreicher sich diese darstellt, umso schlechter werden die Entscheidungen im Sinne einer zeitgerechten Entscheidungsfindung. Hier liegt der große Vorteil der maschinen-unterstützten Entscheidungsfindung. Die Technik erlaubt es, hohe Informationsmengen in sehr kurzer Zeit zu verarbeiten und daraus Entscheidungen bzw. Entscheidungsvorschläge zu erstellen.[239] Selbstlernende Algorithmen sind durchaus in der Lage, eine Art Wiedererkennungsgedächtnis aufzubauen, allerdings fehlt die emotionale und die ethisch/moralische Komponente bei der Entscheidungsfindung.

Die Qualität der Entscheidung ist, um mit Kierkegaard zu sprechen, auch vom Grad der zu überwindenden Angst bei der Entscheidung abhängig. Diese Angst, begründet auf der Befürchtung um Konsequenzen, die noch keiner kennt, ist, wenn sie überwunden wird, eine zutiefst menschliche Emotion, die von einem Algorithmus so nicht „nachempfunden" werden kann.[240] Diese Angst führt, wenn sie überwunden wird, Kierkegaard zur Folge, zu einer Schuld. Auch diese Emotion dürfte in einem enthumanisierten Entscheidungsprozess fehlen.

Diese Emotionen sind aber die Grundlage für eine Reflektion der Entscheidung und somit von großer Bedeutung für die Übernahme von Verantwortung, für den getroffenen Entschluss und auch für dessen Qualität. Antwortgeben ist jedoch nur dann möglich, wenn man weiß, wie die Entscheidung überhaupt zustande gekommen ist. Entscheidungen bzw. Entschlüsse

---

239 Vgl. Thomßen, Linda: Mit künstlicher Intelligenz zu besseren Entscheidungen, 2020. https://aktuell.uni-bielefeld.de/2020/03/27/mit-kuenstlicher-intelligenz-zu-besseren-entscheidungen/ [16.12.2021]

240 Vgl. Liessmann, Konrad Paul: Die großen Philosophen und ihre Probleme, Wien 2003, S. 126.

„[…] bestehen nicht nur aus Ergebnissen oder gar Lösungen, sondern der Weg, der Akt der Entscheidung, ist selbst von größter Bedeutung."[241]

Bei Algorithmus-basierten Entscheidungsabläufen ist der Weg der Entscheidungsfindung allerdings kaum mehr nachvollziehbar.[242]

Die Maschine kann daher kaum Verantwortung für eine Entscheidung übernehmen. Somit ist, neben den fehlenden emotionalen Faktoren, auch die nicht wahrnehmbare Verantwortung ein limitierender Einfluss auf die Auslagerung von Entscheidungsprozessen an Technologie. Die Integration von Hormonen in maschinelle Entscheidungsprozesse könnte einen Ansatz darstellen, dieses Defizit der Technik in Zukunft zu kompensieren.[243]

Kognitive Fähigkeiten und Emotionen sind für die Entscheidungsfindung beide notwendig, vor allem dann, wenn es darum geht zu wissen, wann man die Verantwortung zum Führen zu übernehmen hat. Dies ist für die Führungskraft zur Problemlösung essenziell. Betrachtet man präskriptive Künstliche Intelligenz, in Verbindung mit autonomen Systemen, so verschwimmt die Entscheidungsfindung mit der konkreten Umsetzung der Entscheidung.[244] Diese Trennung von Entscheidung und Durchführung ist aber für die Führung und die Führungsverantwortung von grundlegender Bedeutung.

„Im Vergleich zur Steuerung im biologischen Organismus und in der Maschine besteht eine charakteristische Besonderheit der Tätigkeit der Kommandeure und Stäbe bei der Truppenführung im Gefecht darin, daß der Führungsprozeß deutlich von der Durchführung des Gefechts getrennt ist."[245]

---

241 Precht, Richard David: Künstliche Intelligenz und der Sinn des Lebens, Goldmann Verlag, München 2020, S. 154.

242 Vgl. Klimczak, Peter; Kusche, Isabel; Tschöpe, Constanze; Wolff, Matthias: Menschliche und maschinelle Entscheidungsrationalität, Zur Kontrolle und Akzeptanz Künstlicher Intelligenz, in: Zeitschrift für Medienwissenschaft, Heft 21: Künstliche Intelligenzen, Jg. 11 (2019), Nr. 2, S. 40f. https://doi.org/10.25969/mediarep/12631 [16.12.2021]

243 Vgl. Wolfangel, Eva: Das richtige Gefühl, Künstliche emotionale Intelligenz, 2018. https://www.spektrum.de/news/emotionen-perfektionieren-kuenstliche-intelligenz/1566366 [16.12.2021]

244 Vgl. Marahrens, Sönke (Projektltg.): Führen von morgen, Deutsche Übersetzung Juli 2021, MCDC 2019/20, German Institute for Defence and Strategic Studies, Hamburg 2021, S. 38.

245 Iwanow, D. A.; Saweljew, W. P.; Schemanski, P.W.: Grundlagen der Truppenführung, Militärverlag der DDR, Berlin 1973, S. 18.

Bei dem Einsatz von präskriptiver KI (vor allem bei autonomen Systemen) wird diese Trennung aufgehoben und damit auch das dialektische Prinzip zwischen Führungskraft und Geführten. Die Verantwortung für Entscheidungen und deren Umsetzung fallen damit zusammen und sind von außen nicht mehr nachvollziehbar. Die zeitlichen Vorteile liegen hier zwar auf der Hand, allerdings ist so ein Instrument abhandengekommen, welches ein verantwortungsvolles, reflektiertes Führen ermöglicht. Zudem wird, durch die Verschmelzung von Entscheidung und Umsetzung, auch der Erfahrungsgewinn der Führungskräfte, in Bezug auf die Entwicklung einer Entscheidungskompetenz, be- bzw. verhindert.[246]

Die Führungskräfte verlernen schlichtweg das Entscheiden. Der Einsatz von Technologie beim Planen und Entscheiden kann sehr hilfreich, aber auch sehr schädlich sein. Die Einbindung hat reflektiert und bedacht zu erfolgen. Eine Beschäftigung mit den Herausforderungen der Nutzung von Technologien im Entscheidungsprozess hat für alle Führungskräften stattzufinden. Vor allem für die ethisch/moralische Dimension, im Rahmen der Führungsverantwortung, ist eine akademische Auseinandersetzung mit dieser angezeigt.

6.5 Von der Komplexität des Theresianischen Führungsmodells

> „Wir sagen also, der Krieg gehört nicht in das Gebiet der Künste und Wissenschaften, sondern in das Gebiet des gesellschaftlichen Lebens."[247]

Ersetzen wir den Begriff des Krieges durch den Führungsbegriff, so kann man hier, in Analogie zum Krieg, die Führung als soziale Interaktion verstehen. Führung und damit auch die verschiedenen Führungsmodelle, so auch das Theresianische Führungsmodell, unterliegen, als soziale Interaktion zwischen Menschen und Gruppen von Menschen, einer hohen Komplexität. Führung ist, hinsichtlich der ihr zu Grunde liegenden Zusammenhänge,

---

246 Vgl. Marahrens, Sönke (Projektltg.): Führen von morgen, Deutsche Übersetzung Juli 2021, MCDC 2019/20, German Institute for Defence and Strategic Studies, Hamburg 2021, S. 41.

247 Clausewitz, Carl von: Vom Kriege, Nikol Verlag, Hamburg 2016, S. 136.

unklar und immer von äußeren Einflüssen, die nicht alle bekannt sind, abhängig.[248]

Trotz dieser Komplexität sind Kunst und Wissenschaft Teil einer erfolgreichen Führung, auch wenn sie nicht gleichbedeutend mit der Führung zu verstehen sind. Schon alleine diese Tatsache, dass Führung zum einen Kunst und Wissenschaft in sich birgt, aber weder als Kunst noch als Wissenschaft alleine zu verstehen ist, zeigt eine gewisse Komplexität.

> „Das Wesentliche des Unterschiedes besteht darin, daß der Krieg [Anm. d. Verf.: die Führung] keine Tätigkeit des Willens ist, die sich gegen einen toten Stoff äußert wie die mechanischen Künste, oder gegen einen lebendigen, aber doch leidenden, sich hingebenden Gegenstand, wie der menschliche Geist und das menschliche Gefühl bei den idealen Künsten, sondern gegen einen lebendigen, reagierenden."[249]

Darum wurde nach einem offenen und adaptiven Modell gesucht, welches in der Lage ist, unter Ausnutzung unterschiedlicher Perspektiven diese Komplexität zu fassen und der kreativ denkenden Führungskraft ein Werkzeug oder besser einen Werkzeugkasten an die Hand zu geben, der einer erfolgreichen Führung dienen soll. Das vorgestellte Modell steht aber nicht für sich allein, sondern entfaltet seine Wirkung erst im Zusammenhang mit zwei anderen Modellen.

Eines, das Theresianische Kompetenzmodell nach Pichlkastner, wurde bereits erwähnt und ist im Anhang nachzulesen. Das Funktionsmodell der Landstreitkräfte, nach Schadenböck und Scheucher, ist das zweite zu berücksichtigende Modell, um Führung ganzheitlich fassen zu können. Letzteres wird nun kurz erläutert und die Einbettung des Theresianischen Führungsmodells in den Gesamtkontext der wirkungsvollen Führung dargestellt. Diese Einbettung vervollständigt somit ein System von Modellen der Führung, die diese nicht nur erfolgreich (effizient), sondern auch wirkungsvoll (effektiv) macht.

[248] Vgl. Marahrens, Sönke (Projektltg.): Führen von morgen, Deutsche Übersetzung Juli 2021, MCDC 2019/20, German Institute for Defence and Strategic Studies, Hamburg 2021, S. 13.

[249] Clausewitz, Carl von: Vom Kriege, Nikol Verlag, Hamburg 2016, S. 136.

6.6 Von der Einbettung des Theresianischen Führungsmodells in das Wirksystem der Streitkräfte

Neben dem Theresianischen Kompetenzmodell (TKM) gibt es in den Streitkräften ein weiteres Modell, welches in direkter Verbindung zum Theresianischen Führungsmodell steht. Es handelt sich dabei um das oben genannte Funktionsmodell der Landstreitkräfte (FMSK)[250], wobei die Anwendung dieses Modells nicht nur auf die Landstreitkräfte beschränkt ist, sondern allgemein auf Streitkräfte (aber auch auf andere Organisationen) erfolgen kann. In diesem Modell, nach Schadenböck und Scheucher, werden die Wirkmöglichkeiten von Streitkräften, in unterschiedlichen Szenarien, auf verschiedene Akteure, dargestellt.[251]

Um das System Militär ganzheitlich, also holistisch in seiner Wirkung zu betrachten, sind die drei Modelle in Beziehung zueinander zu bringen. Dabei ist zunächst festzulegen, welche Position sie zueinander im Gesamtsystem einnehmen. Betrachten wir das System der Modelle zunächst in Analogie zur Ganzheitlichkeit nach Pestalozzi, so finden sich die drei wesentlichen Faktoren – Herz, Hirn und Hand[252] – einer ganzheitlichen Betrachtung in den drei Modellen wieder. Der Begriff des Herzens ist bei Pestalozzi nicht nur auf die Gefühlsebene reduziert, sondern es geht um die sinnhafte Erfassung der Welt.[253] Diese sinnhafte Erfassung ist also eine Verstandesleistung, in der es um die Frage geht, warum die Welt so ist wie sie sich einem darstellt.

Diese Frage nach dem Warum setzt aber nicht nur eine sinnhafte Erfassung, sondern auch ein Denken voraus. Dieses Denken ist allerdings im Zusammenhang mit den drei Modellen nicht zu verwechseln mit der Leistung der Vernunft im intersubjektiv nachvollziehbaren Entscheidungsprozess. Diese Vernunftleistung ist im Kontext mit dem TFM als die Planung zu verstehen. Nach Pestalozzi geht es hier um „[…] die Tätigkeit des Gewissens, das Erahnen-Können, das Werten."[254]

---

[250] Schadenböck, Dieter; Scheucher, Gregor: Das Funktionsmodell der Landstreitkräfte, in: Österreichische Militärische Zeitschrift, LIV. Jahrgang, Ausgabe 1/2016, Wien 2016, S. 56-60.

[251] Vgl. ebd., S. 58ff.

[252] Vgl. Brühlmaier, Arthur: Die Gedankenwelt Pestalozzis, 1988, Kapitel 4.5. http://www.bruehlmeier.info/lehrtexte.htm [05.01.2023]

[253] Vgl. ebd., Kapitel 4.5.

[254] Ebd., Kapitel 4.5.

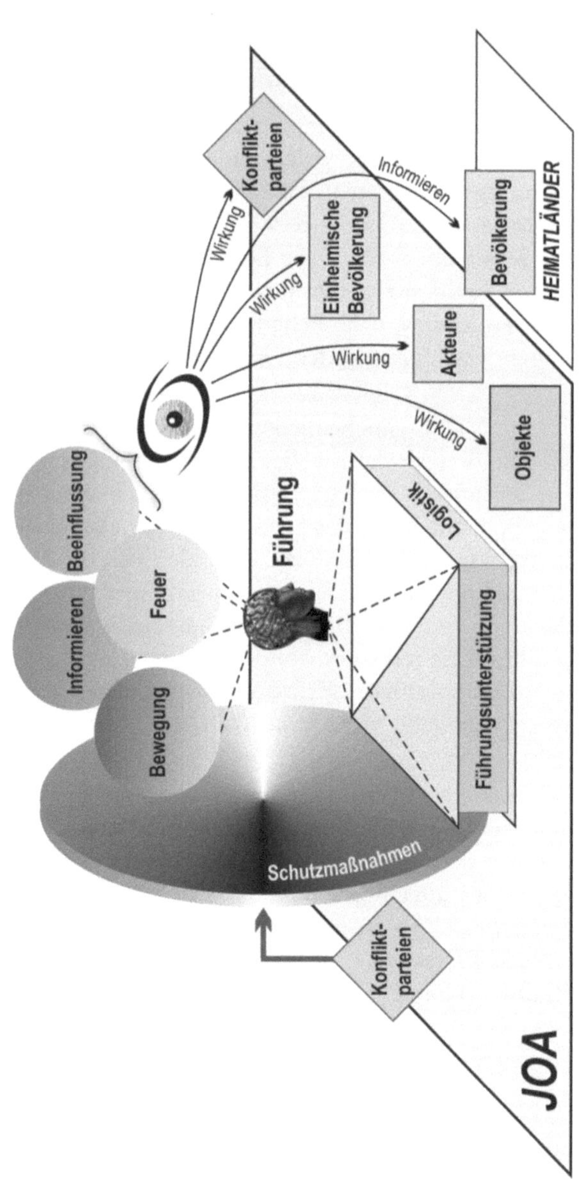

Abbildung 42: Das Funktionsmodell der Landstreitkräfte[255]

[255] Ebd., S. 59.

Der Faktor Hirn setzt sich mit der Frage nach dem „Was ist die sinnhaft erfasste Welt?“ auseinander. Hier erfolgt das vernünftige Werten dessen, was das Herz erfasst hat. Die intellektuelle Auseinandersetzung mit dem Gesamtsystem steht hier im Mittelpunkt. Was ist zu tun, um sich in der Welt zu behaupten, oder im militärischen Kontext, um eine militärische Aufgabenstellung zu lösen? Das Was braucht das Hirn, die Vernunft, um planvoll Aufgaben zu meistern, um „[…] den Menschen zur Erkenntnis der Welt und zu einem vernünftigen Urteil über die Dinge [zu] führen.“[256]

Die konkrete Umsetzung des Was ist dann das Wie. Repräsentiert durch die Hand, geht es um das Tun, das Pestalozzi laut Brühlmeier als

> „[…] das praktische Handeln des Menschen im Auge hat, in welchem sich Handgeschicklichkeit und Körperkraft mit gesundem Menschenverstand und Willen zur fruchtbaren Tat verbinden.“[257]

Dieses Handeln basiert auf einer von Vernunft getragenen Urteilskraft.

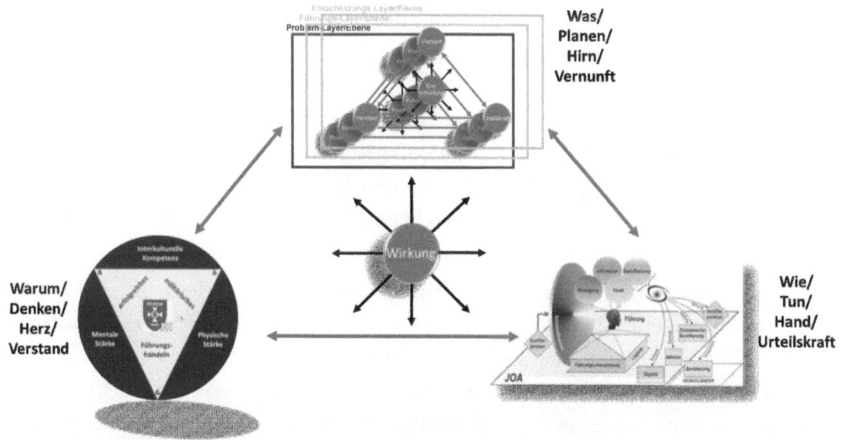

Abbildung 43: Das Wirksystem der Streitkräfte[258]

Der Zusammenhang zwischen diesen drei Modellen lässt sich in Analogie zur Darstellung der Führung im TFM herstellen. Die Basis bildet, wie

[256] Ebd., Kapitel 4.5.
[257] Ebd., Kapitel 4.5.
[258] Abbildung durch die Verfasser erstellt.

bereits in vorliegender Abhandlung erwähnt, das Theresianische Kompetenzmodel nach Pichlkastner, dieses ist der Ebene des Denkens zuordenbar. Es legt die für eine erfolgreiche Führung notwendigen Kompetenzen und Tugenden offen. Hierbei handelt es sich um den Faktor Herz nach Pestalozzi. Wenn wir Sinek[259] – wenn auch in etwas geänderter Abfolge – folgen, handelt es sich um die Frage nach dem „Warum braucht es Führung?". Der Faktor Hirn ist durch das Theresianische Führungsmodell nach Kunovjanek und Maier repräsentiert, dieses entspricht auf der Meta-Ebene dem Planen des TFM.

Hier geht es im Wesentlichen um die Frage nach dem „Was" ist Führung. Das Funktionsmodell der Streitkräfte, nach Schadenböck und Scheucher, beantwortet als Faktor Hand, dem Tun im TFM, die Frage nach dem „Wie" Führung letztlich umzusetzen ist, damit Streitkräfte ihre Wirkung entfalten. Der Zusammenhang zwischen den verschiedenen Modellen erschließt sich somit über warum, was, wie auf die Führung von Streitkräften wirkt. Dieses Wirksystem der Führung löst also mit dem ersten Modell auf, warum es in Streitkräften (aber auch im zivilen Umfeld) Führung braucht. Mit dem TFM wird erklärt, was Führung ausmacht, und mit dem Funktionsmodell stellt man dar, wie Führung über die Organisation wirkt.

Dieser Zusammenhang zwischen den drei Modellen umreißt Führung in umfassender Art und Weise. Durch das Zusammenwirken aller drei Modelle entfaltet militärische Führung, über die Streitkräfte, ihre Wirkung. Mit dem vorliegenden mehrschichtigen Theresianischen Führungsmodell, als Teil dieses Gesamtsystems, wird ein Denkanstoß in Richtung eines reduzierten Führungsprozesses gegeben und eine kritische Reflektion darüber angeregt.

Dabei wird neben den theoretischen Grundlagen, den Methoden zur Aneignung der entsprechenden Führungskompetenz, dem Modell selbst auch eine kritische Auseinandersetzung mit den, aus Sicht der Autoren, wesentlichen Faktoren des Modells bereitgestellt. Die Dynamik von Führung wird durch das Zusammenwirken von Kompetenz-, Führungs- und Funktionsmodell offengelegt. Führung ist kein Zustand, sondern eine Handlung, ein Prozess, der ständig neu zu beurteilen bleibt und sich stets anzupassen hat. Dennoch ist es die Hoffnung der Autoren, ein im Kern beständiges und universelles Führungsmodell zu präsentieren, welches Führungskräfte nicht nur zum Reflektieren und Nachdenken anregt, sondern sie auch zu erfolgreicher Führung bemächtigt.

---

[259] Vgl. Sinek, S.: Frag immer erst: warum, Wie Führungskräfte zum Erfolg inspirieren, München 2021, S. 39ff.

7 Anhang

Das nachfolgende Theresianische Führungsmodell nach Pichlkastner ist die Vorbedingung für das „neue“ Theresianische Führungsmodell. Auf den darin beschriebenen Rahmenbedingungen für erfolgreiches Führungshandeln, die Kompetenzen und Tugenden, setzt das Führungsmodell nach Kunovjanek und Maier auf. Brigadier in Ruhe K. Pichlkastner hat bei den Autoren den Keim gepflanzt, um sich mit Führung, aufbauend auf den, in seinem Modell genannten, Kompetenzen und Tugenden, eingehender auseinanderzusetzen.

Daher wird hier im Anhang das „alte“ Theresianische Führungsmodell nach Pichlkastner mitveröffentlicht. Um letztlich das „neue“ Theresianische Führungsmodell zu verstehen, ist auch eine Auseinandersetzung mit dem, von nun an Theresianisches Kompetenzmodell genannten, Konzept notwendig. Hier wird der Grundstein für die intersubjektive Nachvollziehbarkeit und Reproduzierbarkeit des „neuen“ Theresianischen Führungsmodells gelegt.

Das Theresianische Kompetenzmodell[260]

„Mach er mir tüchtige Officirs und rechtschaffene Männer darauß“

(Mag. Karl Pichlkastner, Brigadier in Ruhe; ehem. Studiengangsleiter FH-BaStg MilFü)

Brauchen wir ein neues Modell?

Wie aus dem Untertitel hervorgeht, handelt es sich eigentlich um etwas Bekanntes. Es wird der durch die Stifterin der Militärakademie erteilte Auftrag „Mach er mir tüchtige Officirs und rechtschaffene Männer darauß“[261] in den Mittelpunkt der folgenden Überlegungen gerückt. In der heutigen Terminologie würde man zu diesem Auftrag Mission sagen, welche den Verantwortungsbereich, den Daseinszweck und die Kernfähigkeit einer Institution zusammenfasst. Entscheidend wird wohl sein, dass ihn jeder in dieser Institution kennt, versteht und lebt[262]. Das Letztere wird meistens zu wenig be-

---

260 Durch die Autoren Kunovjanek, G.; Maier, G. im Zuge der Erstellung der vorliegenden Abhandlung adaptierte Bezeichnung des Theresianischen Führungsmodells nach Pichlkastner.

261 Theresia, M. (1751). Mündlicher Auftrag am FM Graf Daun. Historisch vielzitierter Ausspruch. Mit Dokumenten nicht belegbar.

262 Vgl. Drucker, Peter: Die fünf entscheidenden Fragen des Managements, Weinheim 2009, S. 124.

rücksichtigt. Ich kenne viele Missionen, von den meisten ist mir jedoch nur in Erinnerung, dass es sie irgendwo als Manifestation gibt: meist niedergeschrieben in Dokumenten, oft auch öffentlich präsentiert im Aushang. Versucht man sich die konkreten Inhalte in Erinnerung zu rufen, wird es schon schwieriger; erst recht stellt sich die Frage, ob man deren ‚lebendig werden' im Tun und Handeln der Personen feststellen könne. Dem Tun und Handeln wird ein breites Verständnis zugrunde gelegt, in welchem dann sowohl sprachliche wie mentale Handlungen (z. B. auch die Urteilsbildung und die Wahrnehmung) eingeschlossen sind.[263]

Aus dem o. A. wird deutlich, dass das Theresianische Kompetenzmodell[264] als Mission einerseits nach innen, andererseits aber auch nach außen insbesondere auf den Kunden sowie auch auf die gesellschaftliche Umwelt abzielt. Mit diesen beiden Intentionen ist jedoch nur ein Aspekt eines Kompetenzmodells[265], nämlich der der Erfüllung eines internen Zwecks abgedeckt. Wie verhält es sich als allgemeines Orientierungsmuster für Führung? Kann man als Führungskraft, welche auch außerhalb der Institution und des einschlägigen Wirkungsbereichs tätig ist, aus dem Modell sinnvolle Ableitungen für eigenes Führungshandeln ableiten? Können daraus – um in der Sprache der Total Quality Managementsysteme zu sprechen – Anregungen für die Hervorbringung exzellenter Leistungen durch Führung gewonnen werden?

Was ist der Sinn des Modells?

Bei der Frage nach dem Sinn des Modells bietet sich an, in einem ersten Schritt die Leistung und Führung kurz zu analysieren, um grobe Aussagen zu den Kriterien der Qualität dieser generieren zu können. In Anlehnung an Wilhelm Schmid wird unter Sinn der Zusammenhang und unter Sinnlosigkeit die Zusammenhanglosigkeit verstanden. Der Zusammenhang, der Sinn ergibt, lässt sich am ehesten aus der Struktur, aus den Elementen, die irgendwie aufeinander bezogen sind, kurz aus deren Ordnung erschließen.[266] Es müssen daher die einzelnen Elemente und deren Beziehungen in den Blick genommen werden, um deren Struktur interpretieren zu können.

Nehmen wir an, dass unseren Absolventen durch ihr Führungshandeln exzellente Leistungen mit ihren Unterstellten gelingen. Woran erkennt man

---

263 Vgl. Markowitsch, Jörg: Praktisches Akademisches Wissen. Werte und Bedingungen praxisbezogener Hochschulbildung, Wien 2001, S. 115.

264 Durch Kunovjanek, Maier geänderte Bezeichnung.

265 Durch Kunovjanek, Maier geänderte Bezeichnung.

266 Vgl. Schmid, Wilhelm: Glück. Alles, was Sie darüber wissen müssen, und warum es nicht das Wichtigste im Leben ist, Frankfurt am Main und Leipzig 2007, S. 46f.

diese? Bevor diese Frage beantwortet werden kann, sind die beiden Begriffe kurz zu beleuchten. Leistung (Output) ist das Ergebnis eines abgeschlossenen Arbeitsprozesses, der aus einer Reihe von sachlich zusammengehörigen Arbeitsschritten besteht. Führen heißt entscheiden und der Geführte hat entschieden, dem Gesagten zu folgen.[267] Beim Zusammenführen dieser beiden Definitionen wird deutlich, dass von Seiten der Führungskraft vor allem klare Vorstellungen hinsichtlich ‚Was gilt, es zu erreichen?' vorhanden sein müssen und dass von den Geführten insbesondere die Identifikation mit dem zu Erreichenden gefordert wird.

Der Blick ist auch darauf zu richten, welche Leistungen im Rahmen der definierten Abläufe erstellt / erarbeitet werden müssen, damit die geplanten Ergebnisse eintreten? Die geplanten Ergebnisse sind Ziele. Die Zielerreichung kann durch Messung (Kennzahlen, Indikatoren, Meilensteine) und durch verbale Reflektion und Beurteilung erfasst werden. Mit den zu erzielenden Ergebnissen sollte bei den Interessensgruppen eine konkrete Wirkung (Outcome / Impact) erreicht werden. Leistung und Wirkung zielen auf die Ergebnisqualität, die Effekte treten durch eigene und fremde Beiträge auf (es wurde ‚das Richtige' gemacht). Die Prozessqualität ergibt sich aus den gestalteten Abläufen und die Strukturqualität aus dem Ressourceneinsatz; beide zielen auf die Effizienz (es wurde ‚richtig' gemacht).

Effektivität und die Effizienz haben sich als notwendige Kriterien für den Erfolg herausgestellt. Hinzutreten muss jedoch noch die ethisch moralische Dimension als hinreichendes Kriterium. Es kommt nicht nur darauf an, das Richtige zu tun und dies auch richtig auszuführen, sondern das Führungshandeln muss auch gut sein, mit anderen Worten ausgedrückt ethisch-moralisch verantwortbar sein. Die Tragweite des Letzteren wird sich wohl erst so richtig einschätzen lassen, wenn später auch der Kontext des Führungshandelns konkreter ins Auge gefasst wird.

Vorerst soll aus dem bisher Ausgeführten ein kurzes Resümee in Form eines Prinzips als Orientierungshilfe abgeleitet werden. Es erfolgt in Anlehnung an das Prinzip der doppelten Optimierung nach Rupert Lay.

> „Gleich gute Lösungen der gestellten Aufgaben vorausgesetzt, führt der besser, dem im Prozess der Aufgabenlösung eine funktionale und personale Optimierung gelingt."[268]

---

[267] Vgl. Liessmann, Konrad Paul: In Wirklichkeit ist alles ganz einfach – Aufbau und Reduktion von Komplexität in sozialen Systemen, in: Armis et Litteris 7/2001, Wiener Neustadt 2001, S. 18.

[268] Lay, Rupert: Über die Kultur des Unternehmens, Düsseldorf und München 1997, S. 235.

Es sollte sich in Zukunft sowohl die Aufgabe (funktionale Optimierung) besser lösen lassen als auch die handelnden Personen (personale Optimierung) mit einer ‚gestärkten Leistungsbereitschaft' aus diesem Prozess hervorgehen. Beim Führungshandeln sind daher die Kriterien der Effektivität, Effizienz und die ethisch-moralische Verantwortung sowie das Prinzip der doppelten Optimierung zu berücksichtigen.

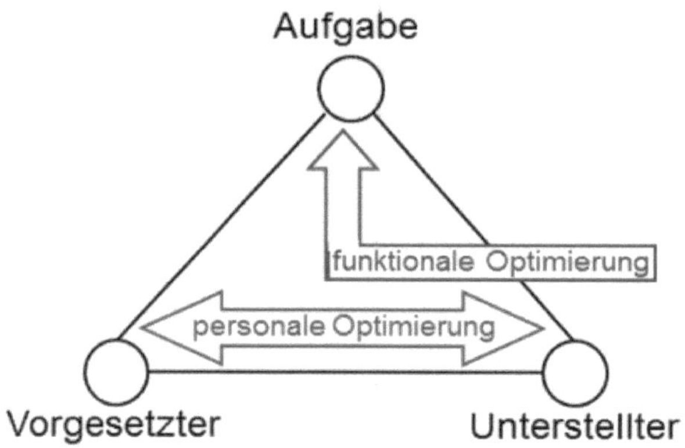

Abbildung 44: Das Prinzip der doppelten Optimierung[269]

Die Analyse der Bedingungen für Führungshandeln sollte mit der Hereinnahme der vier Basiskompetenzen nach Heyse / Erpenbeck nun vorläufig abgeschlossen werden. Diese Selbstorganisationsdispositionen sind nur über das Handeln in vorwiegend schwierigen und nicht durch einfache Verstandesoperationen lösbaren, dissonanten Situationen erschließbar.[270] Die personale Kompetenz, die Aktivitäts- und Handlungskompetenz, die sozial-kommunikative Kompetenz, sowie die Fach- und Methodenkompetenz werden als Basiskompetenzen im ‚KompetenzAtlas' weiter untergliedert. Sie spiegeln in ihrer Struktur die Vielfalt an Anforderungen wider und geben mit unterschiedlichen Kombinationsmöglichkeiten die Antworten auf unterschiedliche Erfordernisse von Institutionen. Führungshandeln stützt sich jedenfalls ‚als mathematisches Produkt' auf alle vier Basiskompetenzen mit mehr oder weniger starken Ausprägungen ab. Fehlt jedoch eine diese vier

269 Erstellt durch Verfasser.

270 Vgl. Heyse, Volker; Erpenbeck, John: Kompetenztraining, 64 Informations- und Trainingsprogramme, Stuttgart 2004, S. XIII ff.

Basiskompetenzen gänzlich, so fehlt auch eine Voraussetzung für sinnvolles Führungshandeln.

In einem weiteren Schritt geht es um den Bezug zur Praxis des Berufsfeldes und in der Folge um den Bezug zur Praxis der hochschulischen Institution. Es erhebt sich die Frage, ob die Aussagen zum sinnvollen Führungshandeln den Erfordernissen der beruflichen Praxis entsprechen. Dabei muss der Blick vor allem in das Wesen militärischer Organisationen und deren maßgeblichen Herausforderungen gerichtet werden, welche sich aus aktuellen und möglichen künftigen Konfliktszenarien ergeben. In der Folge ergeben sich daraus Ableitungen für den Aufgaben- und Berufsvollzug von Offizieren.

Die Praxis der hochschulischen Institution mit den zu vermittelnden Kompetenzen und zu fördernden Tugenden hat die Erfordernisse des Berufsfeldes zu berücksichtigen, aber auch einen Beitrag zu deren Weiterentwicklung zu leisten. Geht man davon aus, dass durch die Ausbildungsleistungen zumindest ein mittelbarer Einfluss auf das Führungshandeln der Absolventen ausgeübt wird, so stellt sich die Frage nach deren Eigenschaften. Gelingt es uns, tüchtige Offiziere und rechtschaffene Frauen und Männer hervorzubringen? Anders formuliert: Woran erkennen wir überhaupt, ob sie tüchtig und rechtschaffen sind?

Was ist das Wesen des Militärs?

Bei der Frage nach dem Wesen des Militärs bietet sich an, nach dem binären Code dieses Subsystems der Gesellschaft zu fragen, weil sich die für diese Sozietät (Institution, Organisation) relevanten Interaktionen anhand dieses Codes von denen anderer Sozietäten abgrenzen lassen. Wenn sich beispielsweise die Interaktionen der Wirtschaft sich von anderen mittels des Codes ‚zahlen versus nicht zahlen' unterscheiden, es sich in der Wissenschaft beispielsweise um ‚wahr versus nicht wahr' dreht, so geht es beim Militär um ‚einsatzbereit versus nicht einsatzbereit'.[271]

Das heißt, dass sich die sinnvollen systemspezifischen Interaktionen des Militärs um das Herstellen der Einsatzbereitschaft und um die Möglichkeiten des Einsatzes dieser Kräfte zur Umsetzung sicherheitspolitischer Ziele ranken. Militärische Führung hat sich daher an den möglichen besonderen Bedingungen eines Einsatzes zu orientieren und dadurch erhalten die relevanten Interaktionen zudem eine spezifische Struktur. Die Bewältigung von

---

[271] Vgl. Liessmann, Konrad Paul: In Wirklichkeit ist alles ganz einfach – Aufbau und Reduktion von Komplexität in sozialen Systemen, in: Armis et Litteris 7/2001, Wiener Neustadt 2001, S. 10.

Einsatzaufgaben lässt bisweilen die Grenzen der physischen und psychischen Belastbarkeit als wesentliche Einflussfaktoren auf Erfolg oder Misserfolg sichtbar werden.

Um militärische Führung zu verstehen, muss man zudem Individuum und Gemeinschaft gemeinsam denken. Diese wechselseitige Abhängigkeit ist ein weiteres wesentliches Merkmal des Militärs und wird im Prozess des Führens erfassbar. Auf der Metaebene kann man unter Gemeinschaft die Gesellschaft verstehen und unter ‚Individuum' die zum Schutz der Gesellschaft eingerichteten Organisationen, wobei auch auf dieser Ebene eine analoge Interdependenz zwischen beiden vorhanden ist. In einer militärischen Organisation geht die Leistung Einzelner meist in der Gesamtleistung auf, wobei mangelnde Leistungen Einzelner sich sehr oft entscheidend auf die Gesamtleistung auswirken können.

Zur Veranschaulichung können die Leistungen im Rahmen des Exerzierdienstes herangezogen werden. Einerseits erzielt das Erscheinungsbild der jeweiligen Formation (Kommandant und Unterstellte bilden eine Einheit) als Ganzes (Geschlossenheit, Abstimmung, Exaktheit) seine Wirkung beim Beobachter und andererseits beeinträchtigt jede individuelle Fehlleistung dieses Erscheinungsbild massiv. Man ist also hinsichtlich des zu erzielenden Ergebnisses aufeinander angewiesen. Orientierungsmuster des gemeinsamen Handelns müssen für alle sowohl von der fachlichen Seite eindeutig und ausführbar sein als auch eine hohe Leistungs- und Verantwortungsbereitschaft bedingen.

Ähnlich verhält es sich beim Kampf der verbundenen Waffen (Truppenführung), bei dem es letztendlich darauf ankommt, dass durch optimales zeitliches und örtliches Zusammenwirken eine Überlegenheit erzielt und so dem Gegner die Handlungsfreiheit genommen wird. Das Prinzip der Auftragstaktik erfordert trotz der Freiheit in der Durchführung des erhaltenen Auftrages ein zielorientiertes Handeln im Sinne der Absicht der vorgesetzten Stelle, wobei man hinsichtlich des gemeinsamen Erfolges auf die Leistungen der jeweiligen Zusammenwirkenden angewiesen ist.

Die durch die jeweiligen Organisationselemente zu erbringenden Leistungen sollten ‚zahnradartig' ineinandergreifen, wobei diese über ihre hierarchische Struktur vernetzt sind. Die Notwendigkeit des gemeinsamen Denkens in fachlicher Hinsicht und die einer weitgehenden Vorhersagbarkeit der Handlungsmuster werden sichtbar. Unter Einsatzbedingungen jedoch muss auch häufig in schlecht strukturierten Situationen mit variierenden Einflüssen gehandelt werden. Dies erschwert oft ein planmäßiges Agieren. Idealerweise wäre auch durch geeignete Initiativen den möglichen sich plötzlich bietenden Chancen und etwaigen ‚Fehlentwicklungen' im Zuge des Gefechtes zu begegnen.

Die Mission der Stifterin findet eine zusätzliche Interpretation in der durch sie geschaffenen höchsten militärischen Auszeichnung, den Militär-Maria-Theresien-Ritter-Orden. Nur ganz besonders hervorragende und in ihren Folgen weitreichende Taten in Kampf und Führung befugten einen Offizier, sich selbst darum zu bewerben. Entscheidend für die Ordenswürdigkeit war, wer eine über die Norm (Pflicht) hinausgehende Leistung erbracht hatte. Artikel 21 legt als Beurteilungsmaßstab fest, dass

> „[…] alle diejenigen Thaten [sic], welche ohne Verantwortung hätten unterlassen werden können, aber dennoch unternommen worden, des Ordens würdig sind […]"[272].

Damit wird deutlich, dass bei Führungskräften besonders die Initiative, die Selbstständigkeit und die Eigenverantwortung gefördert werden sollten, was später inhaltlich – zumindest in Ansätzen – im Prinzip der ‚Auftragstaktik' seinen Niederschlag finden wird.

Was sind die maßgeblichen Herausforderungen?

Werfen wir einen Blick auf die aktuellen und künftigen Herausforderungen, welche den Aufgabenvollzug militärischer Organisationen prägen und somit auch die Eigenschaften der jungen Offiziere bestimmen. Ich versuche sie folgend auf den Punkt zu bringen. Schon Clausewitz hat den Krieg mit dem Begriff des Chamäleons, als eines sich den wechselnden Bedingungen anpassenden Tieres, beschrieben, welches sich dadurch der ‚Beobachtbarkeit' und ‚Greifbarkeit' seiner Feinde entzieht.

Die Bedrohungsformen sind vielfältiger denn je geworden und kaum durchschaubar, weil den Interaktionen rivalisierender Akteure und Systeme auf Grund ihrer Komplexität eine schwer zu beeinflussende Dynamik innewohnt und daher Ungewissheit vorherrscht. Herwig Münkler spricht in seinem Buch ‚Die neuen Kriege'[273] von der Entstaatlichung von Kriegen, verweist auf die Verselbstständigung von bewaffneten Konflikten und deren enger Verflochtenheit mit dem Leben der meist mittelbar und zeitweilig auch unmittelbar involvierten Zivilbevölkerung. Die kaum zu durchschauende internationale Vernetzung der maßgeblichen Akteure zur Sicherstel-

---

272 Hirtenfeld, Jaromir: Die Satzung des Militär-Maria-Theresien-Ritter-Ordens, 1857, S. 9.

273 Münkler, Herfried: Die neuen Kriege, Reinbeck bei Hamburg 2004.

lung der benötigten Ressourcen ist eine weitere Facette dieser neuen gewaltsamen Konflikte.

> „Der Krieg ist also ein Akt der Gewalt, um den Gegner zur Erfüllung unseres Willens zu zwingen. Die Gewalt rüstet sich mit den Erfindungen der Künste und Wissenschaften aus, um der Gewalt zu begegnen. Unmerkliche, kaum nennenswerte Beschränkungen, die er sich selbst setzt unter dem Namen völkerrechtlicher Sitte, begleiten sie, ohne ihre Kraft wesentlich zu schwächen.“[274]

Es wird die Vielfalt der Möglichkeiten der Gewaltanwendung deutlich. Asymmetrie bedeutet in diesem Zusammenhang, dass man versucht quantitative und qualitative Überlegenheit an Mitteln durch Anwendung von Maßnahmen, welche insbesondere auf die Schwächung der Bereitschaft zur Konfliktaustragung gerichtet sind, auszugleichen. Dies wird durch das nachfolgende Zitat noch unterstrichen.

> „Da der Gebrauch der physischen Gewalt in ihrem ganzen Umfange die Mitwirkung der Intelligenz auf keine Weise ausschließt, so muss der, welcher sich dieser Gewalt rücksichtslos, ohne Schonung des Blutes bedient, ein Übergewicht bekommen, wenn der Gegner es nicht tut. Dadurch gibt er den anderen das Gesetz, und so steigern sich beide bis zum Äußersten, ohne dass es andere Schranken gäbe als die der innewohnenden Gegengewichte, […] Nie kann in der Philosophie des Krieges selbst ein Prinzip der Ermäßigung hineingetragen werden, ohne eine Absurdität zu begehen.“[275]

Clausewitz beschreibt sehr deutlich dieses sich wechselseitig Hochschaukeln der Gegner. Es wird die in einem bewaffneten Konflikt innewohnende Dynamik zwischen den Konfliktparteien deutlich, was eine Intervention Dritter zur Friedensschaffung und Stabilisierung wegen der Gefahr vom Geist des Geschehens mitgerissen zu werden oder wirkungslos zu bleiben äußerst schwierig macht.

Militärische Konfliktlösung als Beitrag zu umfassenderen Lösungen hat sich dieser Bedingungen bewusst zu sein und beim konkreten Aufgabenvollzug das Handeln am Spagat zwischen Berechenbarkeit, welche für das Zusam-

[274] Clausewitz, C.v., Vom Kriege I.1.2 zit. nach Stadler, Christian: Krieg, Wien 2009, S.76.
[275] Ebd., S.76.

menwirken militärischer Organisationen unerlässlich ist, und Ungewissheit, welche vor allem persönliche Antworten des militärischen Führers einfordert, auszurichten.

Richten wir den Blick auf eine weitere Entwicklung, welche den Aufgabenvollzug von Organisationen in der Masse der westlichen Gesellschaften prägt. Es ist dies die zunehmende Verrechtlichung aller Lebensbereiche und eine damit einhergehende Informationsüberflutung mit einzuhaltenden Normen. Mit diesem Problem zusammenhängend kann man deutlich eine Flucht in indirekte Tätigkeiten und damit ein Anwachsen von bürokratischen Strukturen wahrnehmen. Man spezialisiert sich beispielsweise in einem Stab, vermeidet damit das involviert werden in direkte Tätigkeiten und ‚füttert' aus einer ‚sicheren Nische' heraus die an der unmittelbaren Leistungserbringung Beteiligten durch weitere Manifestationen aus einer spezialisierten Sichtweise.

Damit ist man dann tatsächlich die ‚Verantwortung los', denn das Heraussuchen und Verarbeiten der Informationen ist dann die Pflicht der Umsetzenden. Im günstigsten Fall wird noch ein gewisses Service in Form gut strukturierter digitaler Datenbanken angeboten. Ich ertappe mich immer wieder dabei, wie ich beim ‚entgeisterten' Durchwühlen von Ordnern und Dokumenten plötzlich feststelle, dass ich spätestens nach dem siebenten geöffneten Fenster nicht mehr weiß, was im ersten war und dass ein Blick auf die Uhr mir rät, mich endlich meiner eigentlichen Arbeit zu widmen.

Diese durchaus übertriebe Schilderung sollte dennoch dazu beitragen, den Kontext des Führungshandelns von Offizieren zu erhellen. Auf den Punkt gebracht: Welcher Geist umgibt den Offizier vor Ort bei der Erfüllung einer Einsatzaufgabe, der nach dem bisher Gesagten doch ziemlich ‚verlassen' erscheint. Wollen wir uns dies in unserer Phantasie vorstellen, so ist es nützlich sich die Aussage von John Milton, Paradise Lost (Das verlorene Paradies) über den Geist und seinen Raum in Erinnerung zu rufen:

> „Es ist der Geist sein eigener Raum, er kann in sich selbst einen Himmel aus der Hölle, und aus dem Himmel eine Hölle schaffen."[276]

Wie können wir uns dies vorstellen? Was herrscht in diesem Raum vor, dass derart Gewaltiges möglich ist? Sind es die unterschiedlichen Wertvorstellungen, Interessen, Bedürfnisse und Erwartungen der in diesem Raum Befindlichen? Die des führenden Offiziers und seiner Unterstellten, die des

276 Milton, J. Paradise Lost zit. nach Zimbardo, Philip: Der Luzifer-Effekt. Die Macht der Umstände und die Psychologie des Bösen, Heidelberg 2008, S. 1.

Gegners bzw. der Gegner, die der möglicherweise involvierten Bevölkerung, die der Medien, welche sensationsgeladene Bilder bis hinein in die ‚Wohnzimmer' überall auf der Welt liefern wollen? Oder ist es die aufgeladene Spannung, welche durch den Wettstreit der psychischen und/oder der physischen Leistungen entstanden ist? Die Ungewissheit, die Belastbarkeit, welche Grenzen signalisieren? Viel Unbewusstes und vielleicht auch die bisweilen aufkeimende Angst?

Das zu erreichende Ziel des erhaltenen Auftrages mit risikobehafteten Möglichkeiten der Zielverfolgung? Was von diesen Elementen, welche die Bestandteile der ‚Geistwolke im Raum' bilden, behält die Oberhand? Woran orientiert er/sie seine/ihre Entscheidung und wie wird der eigene Willen mit den Unterstellten umgesetzt, sodass er/sie dies verantworten kann?

> „Wie ein einzelner Mensch eine bestimmte Situation bewertet, hängt davon ab, welche Erfahrungen er im Verlauf seines bisherigen Lebens mit diesen und ähnlichen Situationen gemacht hat."[277]

Es dringt aus der Geistwolke das zu der Person durch, wofür sie persönlich den besten Zugang bietet.

Das Theresianische Kompetenzmodell[278] kann und will auch Erfahrungen nicht ersetzen, aber es soll als einfaches Instrument das Reflektieren eigener Orientierungsmuster und somit des Führungshandelns unterstützen und die eigenverantwortliche Weiterentwicklung fördern.

Zeitgemäße Tüchtigkeit?

Beginnen wir mit der Tüchtigkeit. Ich stütze mich bei der Definition auf ein Zitat von Wolfgang Brezinka (1987) ab:

> „Tüchtigkeit ist die durch eigene Anstrengung erworbene, von der Gemeinschaft positiv bewertete, relativ dauerhafte Eigenschaft eines Menschen, bestimmten Erfordernissen voll und ganz genügen zu können."[279]

---

[277] Hüther, Gerald: Biologie der Angst. Wie aus Stress Gefühle werden, Göttingen 2012, S. 23.

[278] Durch Kunovjanek, Maier geänderte Bezeichnung.

[279] Brezinka, Wolfgang: Tüchtigkeit. Analyse und Bewertung eines Erziehungszieles, München, Basel, 1987, S. 53.

Das bedeutet, dass Tüchtigkeit immer mit Erfordernissen verbunden ist, die es zeitgemäß festzulegen gilt. Die Arten der Tüchtigkeit hängen von den Arten der Erfordernisse ab. Diese werden maßgeblich von den zugeordneten Aufgaben bestimmt.

Daher muss ein Blick in das Wesen der Organisationen getan werden, die den Aufgabenvollzug von Offizieren als Führungskräfte und Experten prägen. Aus diesen Überlegungen lassen sich in der Folge die Eigenschaften als fachliche und moralische Erfordernisse, mit dem aktuellen Begriff als Kompetenzen und mit dem traditionellen Begriff als Tugenden ableiten. Wenngleich Kompetenzen eher auf die Aufgabe und ihren sachlichen Hintergrund und Tugenden auf das Selbst mit dessen ethisch-moralischer Verfasstheit beziehen, wird deutlich, dass in diesem Zusammenhang keine Differenzierung zwischen diesen beiden Begriffen stattfindet.

Unter den Bedingungen des soeben Gesagten sind jetzt die Eigenschaften abzuleiten. Tüchtig heißt somit, dass die jungen Offiziere über physische und mentale Stärken verfügen müssen. Dies ist die Grundlage eines ‚gesunden' Selbstwertgefühls (sich seiner Wirksamkeit und seines Wertes als Person bewusst sein) und wird sehr oft auch als Mut und Tapferkeit sichtbar. Das Selbstwertgefühl ist ein menschliches Grundbedürfnis.

> „Das Selbstwertgefühl ist die Disposition, sich selbst als kompetent im Umgang mit den grundlegenden Herausforderungen des Lebens zu erfahren, und dass man es wert ist und es verdient glücklich zu sein."[280]

Das Selbstwertgefühl besteht grundsätzlich aus zwei Komponenten, welche sich auf Grund ihrer Abhängigkeit auch wechselseitig beeinflussen. Die eine Komponente ist die Selbstwirksamkeit. Es ist das Gefühl genügend Selbstvertrauen und Selbstsicherheit in die Funktionsfähigkeit der eigenen Fähigkeiten zu besitzen. Mit dem eigenen Denken und Handeln ist es möglich, den Herausforderungen des Lebens zu begegnen. Die andere Komponente ist die Selbstachtung. Sie äußert sich in einer bejahenden Haltung zu einem Recht auf ein glückliches Leben. Damit einher geht auch die Forderung nach Anerkennung, Respekt und Liebe.

> „Die Selbst-Wirksamkeit erzeugt das Gefühl, dass man die Kontrolle über sein eigenes Leben hat."[281]

---

280 Branden, Nathaniel: Die 6 Säulen des Selbstwertgefühls. Erfolgreich und zufrieden durch ein starkes Selbst, München 2009, S. 42.
281 Ebd., S. 42.

Das Selbst gestaltet und ist nicht nur passiver Zuschauer in einem Strudel der Ereignisse.

> „Die Selbstachtung ermöglicht ein wohlwollendes, nicht-neurotisches Gemeinschaftsgefühl mit anderen Individuen […]“[282]

Beide Komponenten sind wesentlich für die Ausprägung des Selbstwertgefühls.

> „Ein hohes Selbstwertgefühl ist also gleichbedeutend mit dem sicheren Gefühl, im Einklang mit dem Leben zu sein und in dieses Leben zu passen. Das heißt, es ist gleichbedeutend mit dem bereits beschriebenen Gefühl der eigenen Kompetenz und Wertigkeit.“[283]

Die Entwicklung einer den Aufgabenvollzug adäquaten körperlichen Leistungsfähigkeit einschließlich eines ausgeprägten Gesundheitsbewusstseins bildet die eine Komponente. Die andere Komponente bildet die mentale Stärke als eine Methode zur positiven Lebensgestaltung. Sie trägt dazu bei, initiativ nach geeigneten Vorstellungen zu suchen und diese ‚leidenschaftlichen' Gedanken in reales Verhalten und Handeln umzusetzen. Eine wichtige Bedeutung hat das, die beiden Komponenten verbindende UND, welches auf die Reflexionsfähigkeit als Verbindung der beiden verweist und gleichsam als ‚Motor' der Entwicklung fungiert. Reflexionsfähigkeit als die intellektuelle Komponente ist eine Voraussetzung für Selbstführung und diese ist eine notwendige Bedingung für die Führung anderer.

Eine weitere wichtige Eigenschaft der Tüchtigkeit ist die interkulturelle Kompetenz. Sie baut auf dem Selbstwertgefühl auf und fördert die erforderliche Offenheit gegenüber dem sogenannten ‚Fremden'. Sie trägt insbesondere dazu bei, sich Kenntnisse und Erfahrungen betreffend anderer Kulturen, Personen, Nationen, Verhaltensweisen etc. anzueignen, sich mit eigenen Wertvorstellungen, Erwartungen, Interessen und Bedürfnissen reflexiv auseinanderzusetzen und sich in jene des Gegenübers hineinzuversetzen. Sie wird letztlich im Einfühlungsvermögen (Empathie) als Steuerungshilfe für kognitive und emotionale Prozesse sichtbar, was eine wichtige Vorausset-

---

282 Ebd., S. 42.

283 Ebd., S. 42.

zung für das ethisch-moralisch verantwortungsvolle Handeln darstellt. Dies ist der fließende Übergang von der Tüchtigkeit zur Rechtschaffenheit.

Zeitgemäße Rechtschaffenheit?

Rechtschaffenheit bezeichnet die Eigenschaften eines Menschen, welche von der eher persönlichen Dimension (Anstand, Anständigkeit, Aufrichtigkeit, Beständigkeit, Ehrlichkeit) über die soziale, eher zwischenmenschliche Dimension (Fairness, Geradheit, Geradlinigkeit, Integrität, Lauterkeit, Makellosigkeit, Redlichkeit, Unbescholtenheit, Unbestechlichkeit) bis zur gesellschaftlichen Dimension (Vertrauenswürdigkeit, Wahrhaftigkeit, Zuverlässigkeit, Loyalität) reichen.[284]

Rechtschaffenheit leitet vom Beruflichen zum allgemein Menschlichen über und räumt in ihrer Forderung den moralischen Idealen unzweideutig den Vorrang ein. Man kommt auch nicht umhin, diese Eigenschaften in Verbindung mit dem umfassenderen moralischen Wert der Gerechtigkeit zu sehen, wobei sowohl im beruflichen wie auch privaten Kontext sich dieses Orientierungsmuster im verantwortungsvollen Handeln des Menschen ausdrücken sollte. Es muss daher auch beim effizienten, effektiven und verantwortungsvollen Führungshandeln sichtbar werden.

Zusammenfassend nochmals mit anderen Worten ausgedrückt: Neben den Eigenschaften, die in Richtung des ‚das Recht einhalten' zielen, wird auch die Tugend der Gerechtigkeit als Wert für das Führungshandeln sichtbar. Legalität und Moralität fordern von der Führungskraft adäquate Antworten ein, woraus sich eine besondere Verantwortung ergibt.

Zusammengefasst bedeutet daher der Auftrag

> „Mach er mir physisch und mental starke sowie interkulturell kompetente Offiziere, die sich beim Führungshandeln ihrer Vorbildwirkung und Tiefe der Verantwortung bewusst sind."[285]

[284] Vgl. Duden, Online-Wörterbuch, Cornelsen Verlag GmbH, Berlin 2022. http://www.duden.de/rechtschreibung/Rechtschaffenheit [04.11.2022]

[285] Entwickelt vom Verfasser.

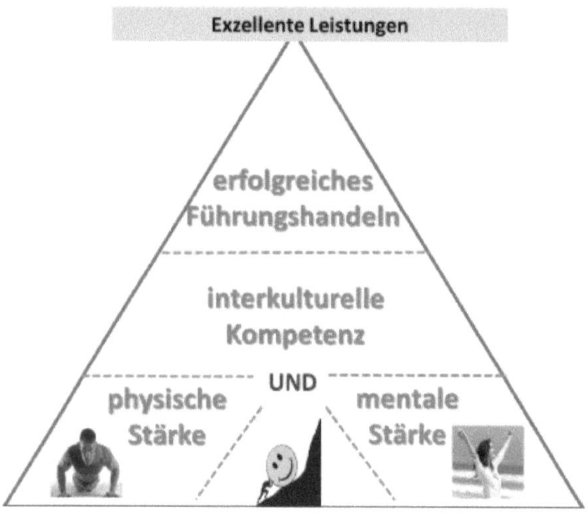

Abbildung 45: Das Theresianische Kompetenzmodell[286] [287]

Welche Kompetenzen werden benötigt?

Bei den zu vermittelnden Kompetenzen wird vom Modell des Kompetenzatlas nach Heyse / Erpenbeck[288] ausgegangen und ein Bezug zu den Kardinaltugenden hergestellt. Aus dem Handeln von Absolventen lässt sich auf die erworbenen Kompetenzen und Tugenden schließen. Der Berufsvollzug sollte davon geprägt sein. Um diesen besser einschätzen zu können, richtet man den Blick auf die zu erledigenden wesentlichen Aufgaben. Betrachtet man das ‚Wie' des Aufgabenvollzugs (‚Jemand ist kompetent, weil er die Aufgaben regelmäßig auf eine bestimmte Art erledigt'), so sollten die vier Basiskompetenzen und davon abgeleitet die Kompetenzanforderungen sowie deren Ausprägungen sichtbar werden. Im Handeln und Verhalten drücken sich implizit auch die in einer Institution maßgeblichen Normen und Werte aus, welche durch die Personen internalisiert wurden und was auch mit dem Begriff der Tugenden bezeichnet werden kann. Diese Analogie zwischen den Begriffen Kompetenz (Fähigkeit selbstorganisiert zu denken und zu handeln) und Tugend (internalisierte Werte) erleichtert bei-

[286] Erstellt durch Verfasser.

[287] Durch Kunovjanek, Maier geänderte Bezeichnung.

[288] Vgl. Heyse, Volker; Erpenbeck, John: Kompetenztraining, 64 Informations- und Trainingsprogramme, Stuttgart 2004, S. XXI.

spielsweise die Hereinnahme der Kardinaltugenden in die inhaltliche Auseinandersetzung.

Abbildung 46: Kompetenzen und Tugenden[289]

Die personale Kompetenz orientiert sich an der Tugend des rechten Maßes und wird geprägt durch das Urteilen über die Folgen eigenen Handelns. In letzter Konsequenz geht es um die persönliche Verantwortung der Person, welche sich – bei Fehlen von Normen oder in einem möglichen Spannungsfeld zwischen Legalität und Moralität – der Notwendigkeit auch eigener letzter Gewissensentscheidungen bewusst sein muss.

Die sozial-kommunikative Kompetenz orientiert sich an der Tugend der Gerechtigkeit und wird geprägt durch den Einsatz der eigenen kommunikativen und kooperativen Möglichkeiten. In letzter Konsequenz geht es um die Gestaltung der Beziehung zu Unterstellten, Vorgesetzten, Gleichgestellten und sonstigen relevanten Stellen im Sinne eines optimalen Zusammenwirkens vor dem Hintergrund der Berücksichtigung oft divergierender Werteinstellungen, Erwartungen, Interessen und Bedürfnissen.

Die Fach- und Methodenkompetenz orientiert sich an der Tugend der Klugheit und stützt sich auf fachliches und methodisches Wissen sowie Erfahrungen und Expertise. In letzter Konsequenz geht es um das Entwickeln von Vorstellungen, welche anzuwendenden Praktiken den Aufgabenvollzug bestmöglich unterstützen und welche Möglichkeiten der Weiterentwicklung sich bieten.

---

289 Erstellt durch Verfasser.

Die Aktivitäts- und Handlungskompetenz orientiert sich an der Tugend der Tapferkeit und wird, durch mehr oder weniger Antrieb Gewolltes in Handlungen umzusetzen, geprägt. In letzter Konsequenz geht es um den ‚Willen zum Sieg' (Schach-Matt setzen, Handlungsfreiheit nehmen), welcher gleichsam als ‚Motor' fungiert und die vorangegangenen Kompetenzanforderungen auf eine typische Weise lebendig werden lässt.

Transferiert man die Eigenschaften des Theresianischen Kompetenzmodells[290] in die Terminologie des KompetenzAtlas, könnte unter der Aktivitäts- und Handlungskompetenz vor allem die Belastbarkeit und Entscheidungsfähigkeit, unter der sozial-kommunikative Kompetenz die Problemlösungsfähigkeit und das Integrationsmanagement, unter der personale Kompetenz die normativ-ethische Einstellung und die Verlässlichkeit und unter der Fach- und Methodenkompetenz das Beurteilungsvermögen und die Analytischen Fähigkeiten angesprochen werden.

Bei der Vorgangsweise zu deren Festlegung ist es entscheidend von den Aufgaben des Berufsfeldes auszugehen, Lernergebnisse davon abzuleiten und die Kompetenzen zu integrieren. Erfolgt dies geplant, so ist es möglich, festgestellte Ausprägungen den Studierenden in Form eines erworbenen Kompetenzprofils widerzuspiegeln.

Wie können wir das Aneignen ermöglichen?

Kommen wir zum Abschluss der Ausführungen noch kurz auf das Erlernen von Kompetenzen, mit anderen Worten auf das Aneignen dieser, zurück. Die Kernaussage im European Foundation for Quality Management (EFQM) – Modell legt die Latte sehr hoch: „Exzellente Organisationen erzielen dauerhaft herausragende Leistungen, welche die Erwartungen aller ihrer Interessensgruppen erfüllen oder übertreffen."

Es muss den Studierenden klargemacht werden, dass sie als Absolventen, die nach außen hin wirksamen Leistungsträger für die Interessensgruppen sind. Die Leistungen des Institutes für Offiziersausbildung werden in letzter Konsequenz in den Leistungen der Absolventen sichtbar. Die hochschulische Institution hat die Rahmenbedingungen zu schaffen, dass die Studierenden sich eigenverantwortlich die erforderlichen Kompetenzen aneignen können. Als Absolventen erkennt man sie an den geschilderten Eigenschaften, ausgestattet somit mit einer optimalen Handlungskompetenz für den Berufsvollzug. Es liegt aber an ihnen mit ihren Leistungen die Erwartungen der Dienststellen, an denen sie den Dienst versehen, zu erfüllen.

---

290 Durch Kunovjanek, Maier geänderte Bezeichnung.

Was liegt wohl näher als die Ausbildung so zu gestalten, dass man den Studierenden zutraut, dass sie in der Lage sind, ihre Entwicklung selbst in die Hand zu nehmen. Verständlich kommunizierte Lernergebnisse, transparente und nachvollziehbare Prüfungsmodalitäten erleichtern ihnen die Reflektion ihrer Leistungen und ermöglichen persönliche Standortbestimmungen. Lassen wir uns als Lehrende von einer Begeisterung für das Fach tragen und bemühen wir uns, dass sich diese Begeisterung auf die Studierenden überträgt.

Es gilt aber auch zu akzeptieren, dass diese unter Umständen nicht geteilt wird.

> „Entscheidend dafür, was eine Person von der Welt wahrnimmt, worum sie sich kümmert, was sie als bedeutsam erachtet, wie sie sich äußert oder verhält – und damit wie und wofür sie ihr Gehirn benutzt -, sind nicht die objektiven Gegebenheiten, sondern die jeweilige subjektive Bewertung dieser Gegebenheiten durch die betreffende Person. Und die wird eben sehr maßgeblich bestimmt durch die von dieser Person im Lauf des bisherigen Lebens gemachten Erfahrungen und die daraus entstandenen inneren Einstellungen, Haltungen und Vorstellungen."[291]

Dies muss im Rahmen der Gestaltung von Aneignungsprozessen immer wieder unermüdlich angesprochen werden, um zur Reflektion anzuregen.

Mit dem Ausspruch von Gandhi: „Wir müssen der Wandel sein, den wir in der Welt zu sehen wünschen." soll abschließend zum Aneignen von Kompetenzen und Tugenden als Bedingung eigenverantwortlichen Handelns ermuntert werden.

---

[291] Huther, Gerald: Biologie der Angst. Wie aus Stress Gefühle werden, Göttingen 2012, S. 71.

8 Literaturverzeichnis

Abegglen, Christoph: Kriegsspiel als didaktisches Instrument, in: Allgemeine Schweizerische Militärzeitschrift, Schweizerische Offiziersgesellschaft (Hrsg.), 189. Jahrgang, 4/2023, Volketswil 2023. S. 18-19.

Andress, Jason; Winterfeld, Steve: Cyber Warfare, Techniques, Tactics and Tools for Security Practitioners, Waltham 2011.

BMLV: DVBH Führungsbegriffe, Wien, November 2005.

BMLV: DVBH Truppenführung, Wien 2004.

BMLVS: DVBH Taktisches Führungsverfahren, Wien 2012.

BMLV: DVBH Taktischer Führungsprozess, Wien 2019.

BMLV: Richtlinie für Forschung und Entwicklung an der Theresianischen Militärakademie, Version 2, Wiener Neustadt 2020.

BMLV: Studienplan und Curriculum FH-BaStg „Militärische Führung“, Arbeitsbehelf, Wiener Neustadt 2017.

Branden, Nathaniel: Die 6 Säulen des Selbstwertgefühls. Erfolgreich und zufrieden durch ein starkes Selbst, 9. Auflage, Piper Verlag GmbH, München 2009.

Brezinka, Wolfgang: Tüchtigkeit. Analyse und Bewertung eines Erziehungszieles, Ernst Reinhardt, München, Basel, 1987.

Brühlmaier, Arthur: Die Gedankenwelt Pestalozzis, 1988. http://www.bruehlmeier.info/lehrtexte.htm [05.01.2023]

Bundes-Verfassungsgesetz (B-VG) BGBl. Nr.1/1930 idF BGBl. Nr.51/2012.

Burchardt, Matthias: Geistlose Traumfabriken – Phantasmagorien der Bildungsreform, in: Als ob! Die Kraft der Fiktion, Philosophicum Lech, Konrad P. Liessmann (Ed.), Paul Zsolnay Verlag, Wien 2022, S. 71-85.

Clausewitz, Carl von: Vom Kriege, Nikol Verlag, Hamburg 2016.

Drucker, Peter: Die fünf entscheidenden Fragen des Managements, WILEY-VCH Verlag, Weinheim 2009.

Duden, Online-Wörterbuch, Cornelsen Verlag GmbH, Berlin 2022. https://www.duden.de [04.11.2022]

Enzensberger, Hans Magnus: Hammerstein oder Der Eigensinn, Suhrkamp, Frankfurt am Main 2019.

Falliere, Nicolas; O Murchu, Liam; Chien, Eric: W32.Stuxnet Dossier, Symantec Corporation, Cupertino 2011.

Fasching, Wolfgang: Mental fit im Alltag – 11 Mentaltipps zum praktischen Anwenden, Colorama, Salzburg 2010.

Faustenhammer, Alfred: Der Unterschied zwischen Spezialisten und Experten, WEKA Akademie, 2020. https://www.weka-akademie.at/wekablog/der-unterschied-zwischen-spezialisten-und-experten [05.01.2023]

Freudenberg, Dirk: Theorie des Irregulären. Partisanen, Guerillas und Terroristen im modernen Kleinkrieg, Wiesbaden 2008.

Fuchs-Kittowski, Klaus: Wissens-Ko-Produktion – Verarbeitung, Verteilung und Entstehung von Informationen in kreativlernenden Organisationen, Hamburg.

Fuster, Thomas: Besser führen dank weniger Wissen – Wenn Führungskräfte für kurze Zeit Jobs tauschen, tritt oft Wunderliches zutage, in: Neue Züricher Zeitung, 30. August, Zürich 2021, S. 24.

Gaycken, Sandro: Cyberwar. Das Internet als Kriegsschauplatz, München 2011.

Gächter, Yves; Meier, Christoph: Ausbildung am Geländemodell – der Sandkasten, in: Allgemeine Schweizerische Militärzeitschrift, Schweizerische Offiziersgesellschaft (Hrsg.), 189. Jahrgang, 4/2023, Volketswil 2023. S. 11-13.

Gigerenzer, Gerd: Bauchentscheidungen, Die Intelligenz des Unbewussten und die Macht der Intuition, Goldmann, München 2008.

Gigerenzer, Gerd: Risiko, Wie man die richtigen Entscheidungen trifft, Pantheon, München 2020.

Hampe, Michael; Schnepf, Robert (Hrsg.): Baruch de Spinoza, Ethik in geometrischer Ordnung dargestellt, Berlin 2006.

Hartmann, Uwe: Carl von Clausewitz: Erkenntnis, Bildung, Generalstabsausbildung, Olzog Verlag, München 1998.

Heise, Gregor: Komplexität meistern mit dem Cynefin-Framework, 2017. https://www.heisetraining.at/komplexitaet-meistern-mit-cynefin-framework/ [21.12.2021]

Heyse, Volker; Erpenbeck, John: Kompetenztraining, 64 Informations- und Trainingsprogramme, Stuttgart 2004.

Hill, David: DGTRADOC's Professional Gaming List 2022, 2022. https://cove.army.gov.au/article/dgtradocs-professional-gaming-list-2022 [19.01.2023]

Hirtenfeld, Jaromir: Die Satzung des Militär-Maria-Theresien-Ritter-Ordens, 1857.

Holenweger, Michael; Demont-Biaggi, Florian; von Felten, Sarah: Führen in Zeiten der Digitalisierung, Herbsttagung MILAK 2022, Zürich 2022.

Holenweger, Michael; Jager, Michael Karl; Kernic, Franz (Hrsg.): Leadership in Extreme Situations, Springer, Cham 2017.

Hollerer, Franz; Peischl, Wolfgang: „Leadership". Ein Führungsprinzip zwischen Anspruch und Wirklichkeit, in: SIAK-Journal – Zeitschrift für Polizeiwissenschaft und polizeiliche Praxis, 2/2011, S. 18-28. http://dx.doi.org/10.7396/2011_2_B [20.05.2020]

Hoppe, Anette: Handlungskompetenz ein Erfolgsfaktor für die Zukunft! Das Vierseitenmodell erfolgreichen Handelns. 15. Symposium Energieinnovation, 14. bis 16. Februar 2018, Technische Universität Graz 2018. https://www.tugraz.at/fileadmin/user_upload/Events/Eninnov2018/files/lf/Session_D2/521_LF_Hoppe.pdf [08.01.2023]

Hülsmann, Thorsten: Geographie des Cyberspace, Wahrnehmungsgeographische Studien, Band 19, Oldenburg 2000.

Hüther, Gerald: Biologie der Angst. Wie aus Stress Gefühle werden, 11. Aufl. Vandenhoeck & Ruprecht, Göttingen 2012.

Iwanow, D. A.; Saweljew, W. P.; Schemanski, P.W.: Grundlagen der Truppenführung, Militärverlag der DDR, Berlin 1973.

Keller, Jörg: Führung und Führer im Militär, in: Leonhard, Nina; Werkner, Ines-Jacqueline (Hrsg.): Militärsoziologie – Eine Einführung, VS Verlag, 2012, S. 475-493.

Klauninger, Bert: Cyberspace als ein selbstorganisierendes System. http://archive.gpi-online.de/files/_klauninger_cyberspace.pdf [20.05.2020]

Klimczak, Peter; Kusche, Isabel; Tschöpe, Constanze; Wolff, Matthias: Menschliche und maschinelle Entscheidungsrationalität, Zur Kontrolle und Akzeptanz Künstlicher Intelligenz, in: Zeitschrift für Medienwissenschaft, Heft 21: Künstliche Intelligenzen, Jg. 11 (2019), Nr. 2, S. 39-45. https://doi.org/10.25969/mediarep/12631 [16.12.2021]

Königshofer, Josef Franz: Unsere Verantwortung – Leistung fordern – Persönlichkeit fördern. Prinzipien, Methoden und Anforderungen im Führungstraining, Theresianische Militärakademie, Wr. Neustadt 2015.

Kunovjanek, Georg: Combined Leadership Training CLT. Planen, handeln, reflektieren – Neue Perspektiven von Führung erleben, in: Alma Mater Theresiana, Jahrbuch 2018, Wiener Neustadt 2018, S. 91-98.

Kunovjanek, Georg: Cyber – Die Domäne der vernetzten Unsicherheit. Eine kritische interdisziplinäre Analyse des Krieges der Zukunft und seiner normativen Grundlagen, Miles-Verlag, Berlin 2021.

Kunovjanek, Georg: Vom Wert der Information im Krieg, in: The Defence Horizon Journal. https://www.thedefencehorizon.org/post/vom-wert-der-information-im-krieg?lang=de [20.12.2022]

Kunovjanek, G; Maier, G.: Das neue Theresianische Führungsmodell – Von der Trinität der Führung, Armis et Litteris, Band 37, Wiener Neustadt 2022.

Kunovjanek, G; Maier, G.: Die Militärische Führung im Lichte von Niccolo Machiavelli – Gedanken zum modernen Führungsbegriff aus historisch-philosophischer Sicht, in: Österreichische Militärische Zeitschrift, LIX. Jahrgang, Ausgabe 5/2021, Wien 2021, S. 555-563.

Kunovjanek, G; Maier, G.: Game Based Learning, Planspiel „VITIS“, in: Atlas der guten Lehre, Wien 2020. https://gutelehre.at/projekt?tx_gutelehre_default%5Baction%5D=show&tx_gutelehre_default%5Bcontroller%5D=Project&tx_gutelehre_default%5Bproject%5D=1039&cHash=38ddd86c4eed1ef5ebcb7e0c6451f009 [03.01.2023]

Lay, Rupert: Über die Kultur des Unternehmens, Econ, Düsseldorf und München 1997.

Liessmann, Konrad Paul: In Wirklichkeit ist alles ganz einfach – Aufbau und Reduktion von Komplexität in sozialen Systemen, in: Armis et Litteris 7/2001, Wiener Neustadt 2001, S. 7-19.

Liessmann, Konrad Paul: Die großen Philosophen und ihre Probleme, Wien 2003.

Liessmann, Konrad P.: Als ob! Die Kraft der Fiktion, in: Als ob! Die Kraft der Fiktion, Philosophicum Lech, Konrad P. Liessmann (Ed.), Paul Zsolnay Verlag, Wien 2022. S. 7-20.

Lugger, Kurt-Martin: Führungskräftelabor – An wen richtet sich das Führungskräftelabor? https://www.fuehrungskraeftelabor.at/ [03.01.2023]

Lugger, Kurt-Martin: Führungskräftelabor – Das zeichnet unser Führungskräftelabor aus. https://www.fuehrungskraeftelabor.at/f%C3%BChrungskr%C3%A4ftelabor/das-labor/ [03.01.2023]

Lugger, Kurt-Martin: Führungskräftelabor – Warum Sie in Ihre Führungskräfte investieren sollten. https://www.fuehrungskraeftelabor.at/f%C3%BChrungskr%C3%A4ftelabor/warum/ [03.01.2023]

Machiavelli, Niccolo: Der Fürst, Stuttgart 1978.

Machiavelli, Niccolo: Discorsi, Gedanken über Politik und Staatsführung, Stuttgart 1977.

Marahrens, Sönke (Projektltg.): Führen von morgen, Deutsche Übersetzung Juli 2021, MCDC 2019/20, German Institute for Defence and Strategic Studies, Hamburg 2021.

Markowitsch, Jörg: Praktisches Akademisches Wissen. Werte und Bedingungen praxisbezogener Hochschulbildung, WUV Universitätsverlag, Wien 2001.

Meissner, Philip: Entscheiden ist einfach, Campus Verlag, Frankfurt am Main 2019.

Microsoft (Hrsg.): Defending Ukraine: Early Lessons from the Cyber War. https://query.prod.cms.rt.microsoft.com/cms/api/am/binary/RE50KOK [30.07.2022]

Middeldorf, Eike: Taktik im Russlandfeldzug, Erfahrungen und Folgerungen, Darmstadt 1956.

Münkler, Herfried: Die neuen Kriege, Rowohlt Verlag Gmbh, Reinbeck bei Hamburg 2004.

Münkler, Herfried: Über den Krieg, Stationen der Kriegsgeschichte im Spiegel ihrer theoretischen Reflexion, Weilerswist 2002.

Padan, Carmit: Constructing Crisis Events in Military Contexts – An Israeli Perspective, in: Holenweger, Michael; Jager, Michael Karl; Kernic, Franz (Hrsg.): Leadership in Extreme Situations, Springer, Cham 2017, S. 217-247.

Personal- und Organisationsentwicklung Karl-Franzens Universität Graz: Führung – Entscheidung – Reflexion. https://www.focusfuehrung.at/combined-leadership-training/ [03.01.23]

Pichlkastner, K.: Das Theresianische Führungsmodell, „Mach er mir tüchtige Officirs und rechtschaffene Männer darauß“, in: Armis et Litteris 32/2015, Wiener Neustadt 2015, S. 97-114.

Pilles, Oliver: Problem Based Learning im Dialog am Anwendungsbeispiel „Führungstraining“, in: Unser didaktisches Geschick, Armis et Litteris 35/2016, Wiener Neustadt 2016, S. 244-254.

Precht, Richard David: Jäger, Hirten, Kritiker – Eine Utopie für die digitale Gesellschaft, Goldmann Verlag, München 2018.

Precht, Richard David: Künstliche Intelligenz und der Sinn des Lebens, Goldmann Verlag, München 2020.

Rieks, Ansgar: Geistiger Stillstand ist Rückschritt: Gedanken zu „Bildung und Offizierberuf“, German Institute for Defence and Strategic Studies, Hamburg 2021.

Sawkin, W. J.: Grundprinzipien der operativen Kunst und der Taktik, Militärverlag der Deutschen Demokratischen Republik, Berlin 1974.

Schadenböck, Dieter; Scheucher, Gregor: Das Funktionsmodell der Landstreitkräfte, in: Österreichische Militärische Zeitschrift, LIV. Jahrgang, Ausgabe 1/2016, Wien 2016, S. 56-60.

Schiebener, Johannes; Brand, Matthias: Decision Making Under Objective Risk Conditions–a Review of Cognitive and Emotional Correlates, Strategies, Feedback Processing, and External Influences, in: Neuropsychology Review, Volume 25, Issue 2, Springer, 2015, S. 171-198.

Schmid, Wilhelm: Glück. Alles, was Sie darüber wissen müssen, und warum es nicht das Wichtigste im Leben ist, Insel-Verlag, Frankfurt am Main und Leipzig 2007.

Sinek, S.: Frag immer erst: warum, Wie Führungskräfte zum Erfolg inspirieren, München 2021.

Spinoza, Benedikt; Bartuschat, Wolfgang: Politischer Traktat. Lateinisch – deutsch = Tractatus politicus, 2. Aufl., Hamburg 2010.

Sprenger, Reinhard: Magie des Konflikts, München 2020.

Sprenger, Reinhard: Radikal führen, Campus Verlag, Frankfurt am Main 2015.

Stadler, Christian: Krieg, Facultas Verlags- und Buchhandels AG, Wien 2009.

Stern, Eric K.: Crisis, Leadership and Extreme Contexts, in: Holenweger, Michael; Jager, Michael Karl; Kernic, Franz (Hrsg.): Leadership in Extreme Situations, Springer, Cham 2017, S. 41-59.

Strässle, Thomas: Faketionales Erzählen – Über die Erfindung von Wahrheit, in: Als ob! Die Kraft der Fiktion, Philosophicum Lech, Konrad P. Liessmann (Ed.), Paul Zsolnay Verlag, Wien 2022. S. 21-44.

Thomßen, Linda: Mit künstlicher Intelligenz zu besseren Entscheidungen, 2020. https://aktuell.uni-bielefeld.de/2020/03/27/mit-kuenstlicher-intelligenz-zu-besseren-entscheidungen/ [16.12.2021]

Tiwari, Sakshi: US Army Soldiers to get Mixed Reality Goggles with Night Vision in 2023; China also Trains with VR for Close Combat, in: The EurAsian Times. https://eurasiantimes.com/us-army-soldiers-to-get-mixed-reality-goggles-with-night-vision-in-2023/ [02.01.2023]

Treiblmaier, Alexander: Improving Efficiency Through Data-Driven Decision-Making in a Military Environment, in: The Defence Horizon Journal. https://www.thedefencehorizon.org/post/improving-efficiency-through-data-driven-decision-making-in-a-military-environment-1?lang=de [02.01.2023]

Wiesing, Lambert: Wie werden Bilder zu Fiktionen?, in: Als ob! Die Kraft der Fiktion, Philosophicum Lech, Konrad P. Liessmann (Ed.), Paul Zsolnay Verlag, Wien 2022, S. 123-144.

Wolfangel, Eva: Das richtige Gefühl, Künstliche emotionale Intelligenz, 2018. https://www.spektrum.de/news/emotionen-perfektionieren-kuenstliche-intelligenz/1566366 [16.12.2021]

Zimbardo, Philip: Der Luzifer-Effekt. Die Macht der Umstände und die Psychologie des Bösen, Spektrum Akademischer Verlag, Heidelberg 2008.

9 Abkürzungsverzeichnis

A

Abb.	Abbildung
Abs.	Absatz
AI	Artifical Intelligence
Anm. d. Verf.	Anmerkung des Verfassers
Art.	Artikel
Aufl.	Auflage

B

Baon	Bataillon
Bd.	Band
BMLV(S)	Bundesministerium für Landesverteidigung (und Sport)
bzw.	beziehungsweise

C

CATT	Combined Arms Tactical Trainer
CLT	Combined Leadership Training
CUA	Computer unterstützte Ausbildung

D

d.h.	das heißt
DDR	Deutsche Demokratische Republik
DVBH	Dienstvorschrift für das Bundesheer

E

Ebd.	Ebenda
EFQM	European Foundation for Quality Management

F

f folgende Seite
ff folgende Seiten
FKL Führungskräftelabor
FM Feldmarschall
FMSK Funktionsmodell der Streitkräfte

G

GZ Geschäftszahl

H

Hrsg. Herausgeber

I

idF in der Fassung
inkl. inklusive

J

K

KI Künstliche Intelligenz
Kp Kompanie

L

lit. litera, Buchstabe

M

MCDC Multinational Capability Development Campaign
Mil militärisch
MilFü Militärische Führung
MR Mixed Reality

N

Nr.	Nummer

O

o. A.	oben Angeführten
ÖBH	Österreichisches Bundesheer
o. J.	ohne Jahr
ÖMZ	Österreichische Militärische Zeitschrift

P

Q

R

RL	Richtlinie

S

S.	Seite
sic	so, wirklich so

T

TFM	Theresianisches Führungsmodell
TKM	Theresianisches Kompetenzmodell

U

u.a.	und andere

V

Vgl.	Vergleiche

W

X

Y

Z

Z	Ziffer
z.B.	zum Beispiel
Ziff.	Ziffer
Zl.	Zahl

10 Abbildungsverzeichnis

Carola Hartmann Miles-Verlag

Jahrbuch Innere Führung

Uwe Hartmann, Claus von Rosen, Christian Walther (Hrsg.), *Jahrbuch Innere Führung 2009. Die Rückkehr des Soldatischen,* Eschede 2009.

Helmut R. Hammerich, Uwe Hartmann, Claus von Rosen (Hrsg.), *Jahrbuch Innere Führung 2010. Die Grenzen des Militärischen,* Berlin 2010.

Uwe Hartmann, Claus von Rosen, Christian Walther (Hrsg.), *Jahrbuch Innere Führung 2011. Ethik als geistige Rüstung für Soldaten,* Berlin 2011.

Uwe Hartmann, Claus von Rosen, Christian Walther (Hrsg.), *Jahrbuch Innere Führung 2012. Der Soldatenberuf zwischen gesellschaftlicher Integration und suis generis-Ansprüchen,* Berlin 2012.

Uwe Hartmann, Claus von Rosen (Hrsg.), *Jahrbuch Innere Führung 2013. Wissenschaften und ihre Relevanz für die Bundeswehr als Armee im Einsatz,* Berlin 2013.

Uwe Hartmann, Claus von Rosen (Hrsg.), *Jahrbuch Innere Führung 2014. Drohnen, Roboter und Cyborgs – Der Soldat im Angesicht neuer Militärtechnologien,* Berlin 2014.

Uwe Hartmann, Claus von Rosen (Hrsg.), *Jahrbuch Innere Führung 2015. Neue Denkwege angesichts der Gleichzeitigkeit unterschiedlicher Krisen, Konflikte und Kriege,* Berlin 2015.

Uwe Hartmann, Claus von Rosen (Hrsg.), *Jahrbuch Innere Führung 2016. Innere Führung als kritische Instanz,* Berlin 2016.

Uwe Hartmann, Claus von Rosen (Hrsg.), *Jahrbuch Innere Führung 2017. Die Wiederkehr der Verteidigung in Europa und die Zukunft der Bundeswehr,* Berlin 2017.

Uwe Hartmann, Claus von Rosen (Hrsg.), *Jahrbuch Innere Führung 2018. Innere Führung zwischen Aufbruch, Abbau und Abschaffung: Neues denken, Mitgestaltung fördern, Alternativen wagen,* Berlin 2018.

Uwe Hartmann, Claus von Rosen (Hrsg.), *Jahrbuch Innere Führung 2019. Bundeswehr im Aufbruch. Hindernisse von den verteidigungspolitischen*

Vorstellungen der AFD bis zu den sicherheitspolitischen Meinungen in der Zivilgesellschaft, Berlin 2019.

Uwe Hartmann, Reinhold Janke, Claus von Rosen (Hrsg.), *Jahrbuch Innere Führung 2020. Zur Weiterentwicklung der Inneren Führung: Themen und Inhalte,* Berlin 2020.

Uwe Hartmann, Reinhold Janke, Claus von Rosen (Hrsg.), *Jahrbuch Innere Führung 2021/22. Ein neues Mindset Landes- und Bündnisverteidigung?,* Berlin 2022.

Uwe Hartmann, Reinhold Janke, Claus von Rosen (Hrsg.), *Jahrbuch Innere Führung 2022/23. Zeitenwende und Kriegsbilder,* Berlin 2023.

Weiterentwicklung der Inneren Führung

Uwe Hartmann, *Innere Führung. Erfolge und Defizite der Führungsphilosophie für die Bundeswehr,* Berlin 2007.

Angelika Dörfler-Dierken, *Führung in der Bundeswehr. Soldatisches Selbstverständnis und Führungskultur nach der ZDv 10/1 Innere Führung. Mit einem Geleitwort des Evangelischen Militärbischofs Martin Dutzmann,* Berlin 2013.

Angelika Dörfler-Dierken/Robert Kramer, *Innere Führung in Zahlen. Streitkräftebefragung 2013,* Berlin 2014.

Holz, Nicolas, *Zurück in die Zukunft. Empfehlungen zur Wiederentdeckung und Weiterentwicklung der Inneren Führung,* Berlin 2021.

Wanninger, Thomas, *Kritik der Inneren Führung. Eine Konzeption der Wehrhaftigkeit in der Demokratie,* Berlin 2023.

Sicherheitspolitik

Wolf Graf v. Baudissin, *Grundwert: Frieden in Politik – Strategie – Führung von Streitkräften, herausgegeben von Claus von Rosen,* Berlin 2014.

Oliver Schmidt, *Deutsche Außenpolitik und die Zukunft der nuklearen Teilhabe in der NATO,* Berlin 2017.

Dirk Freudenberg, *Theorie des Irregulären – Erscheinungen und Abgrenzungen von Partisanen, Guerillas und Terroristen im Modernen Kleinkrieg sowie Entwicklungstendenzen der Reaktion, (3 Bände),* Berlin 2017.

Markus Reisner, *Robotic Wars – Legitimatorische Grundlagen und Grenzen des Einsatzes von Military Unmanned Systems in modernen Konfliktszenarien,* Berlin 2018.

Helmut Fiedler, *Military Assistance – eine moderne Einsatzart zwischen Anspruch und Wirklichkeit,* Berlin 2019.

Pascal Riemer, *Von der russischen Kriegskunst. Eine Untersuchung der dialektischen Zusammenhänge von Staatsidee und Militärwesen am Beispiel der Sowjetunion und der Russischen Föderation,* Berlin 2021.

Georg Kunovjanek, *Cyber – Die Domäne der vernetzten Unsicherheit. Eine kritische interdisziplinäre Analyse des Krieges der Zukunft und seiner normativen Grundlagen,* Berlin 2021.

Joachim Weber (Hrsg.), *Konfliktraum Arktis. Die Großmächte und der Hohe Norden,* Berlin 2021.

Thomas Jäger, Ralph Thiele (Hrsg.), *Der Politische Islamismus als hybrider Akteur globaler Reichweite. Die liberale demokratische Ordnung muss ihre Resilienz stärken,* Berlin 2021.

Uwe Hartmann, *Die Nato. Mächte und Menschen in der transatlantischen Allianz,* Berlin 2021.

Dirk Freudenberg, *Wehrhaftigkeit der Medienordnung – Rechtliche und rechts-politische Probleme vor dem Hintergrund der Konzeption Zivile Verteidigung (KZV),* Berlin 2022.

Carsten Rechtien, *Trumps Amerika – Eine geopolitische Revolution? Tradition und Neuausrichtung der US-Außenpolitik in der beginnenden Ära Trump, Berlin 2022.*

Hans-Peter Weinheimer, *Bevölkerungsschutz 2030 – Anleitung zur Überwindung eines "bewährten" Systems,* Berlin 2022.

Wolfgang Peischel (Ed.), *Strategy and the Military. A Propaedeutic Approach to Military Science,* Berlin 2023.

Militär und Gesellschaft

Hans-Christian Beck, Christian Singer (Hrsg.), *Entscheiden – Führen – Verantworten. Soldatsein im 21. Jahrhundert,* Berlin 2011.

Marcel Bohnert, Lukas J. Reitstetter (Hrsg.), *Armee im Aufbruch. Zur Gedankenwelt junger Offiziere in den Kampftruppen der Bundeswehr,* Berlin 2014.

Phil C. Langer, Gerhard Kümmel (Hrsg.), *„Wir sind Bundeswehr." Wie viel Vielfalt benötigen/vertragen die Streitkräfte?*, Berlin 2015.

Eberhard Birk, Peter Andreas Popp (Hrsg.), *Luftwaffenoffizier 21. Das Selbstverständnis des Luftwaffenoffiziers zu Beginn des 21. Jahrhunderts, (aus der Reihe Schriften zur Geschichte der Deutschen Luftwaffe, Band 5)*, Berlin 2016.

Alois Bach, Walter Sauer (Hrsg.), *Schützen.Retten.Kämpfen. Dienen für Deutschland*, Berlin 2016.

Marcel Bohnert, Björn Schreiber (Hrsg.), *Die unsichtbaren Veteranen. Kriegsheimkehrer in der deutschen Gesellschaft*, Berlin 2016.

Angelika Dörfler-Dierken (Hrsg.), *Hinschauen! Geschlecht, Rechtspopulismus, Rituale: Systemische Probleme oder individuelles Fehlverhalten?*, Berlin 2019.

Standpunkte und Orientierungen

Dirk Freudenberg, *Auftragstaktik und Innere Führung. Feststellungen und Anmerkungen zur Frage nach Bedeutung und Verhältnis des inneren Gefüges und der Auftragstaktik unter den Bedingungen des Einsatzes der Deutschen Bundeswehr*, Berlin 2014.

Uwe Hartmann, *Hybrider Krieg als neue Bedrohung von Freiheit und Frieden. Zur Relevanz der Inneren Führung in Politik, Gesellschaft und Streitkräften*, Berlin 2015.

Hartwig von Schubert, *Integrative Militärethik. Ethische Urteilsbildung in der militärischen Führung*, Berlin 2015.

Martin Sebaldt, *Nicht abwehrbereit. Die Kardinalprobleme der deutschen Streitkräfte, der Offenbarungseid des Weißbuchs und die Wege aus der Gefahr*, Berlin 2017.

Uwe Hartmann, *Der gute Soldat. Politische Kultur und soldatisches Selbstverständnis heute*, Berlin 2018.

Helmut Jermer, *Innere Führung kompakt. Eine Zusammenschau als Lehr- und Lernhilfe*, Berlin 2019.

Martin Sebaldt, *Das Elend der Strategen. Warum die deutsche Militärpolitik versagt*, Berlin 2020.

Hannes Wendroth, *Gute Führung – (k)ein Selbstgänger. Kleine Führungshilfe mit praktischen Hinweisen und persönlichen Anmerkungen*, Berlin 2022.

Hans-Christian Witthauer, Thomas Saller, *Führung und das 3 Alpha Prinzip. Militärisches Handwerkszeug für den zivilen Führungsalltag,* Berlin 2023.

Offiziersbibliothek

Uwe Hartmann, *Offiziersbibliothek I. Deutschland,* Berlin 2020.

Franz H.U. Borkenhagen, Uwe Hartmann, *Offiziersbibliothek II. Internationale Beziehungen und Sicherheitspolitik,* Berlin 2021.

Einsatzerfahrungen

Artur Schwitalla, *Afghanistan, jetzt weiß ich erst...,* Berlin 2010.

Sascha Brinkmann, Joachim Hoppe (Hg.), *Generation Einsatz. Fallschirmjäger berichten ihre Erfahrungen aus Afghanistan,* Berlin 2010.

Ingo Werners, *Fahren, Funken, Feuern. Hinweise auf die Einsatzvorbereitung,* Berlin 2010.

Rainer Buske, *KUNDUZ. Ein Erlebnisbericht über einen militärischen Einsatz der Bundeswehr in Afghanistan im Jahre 2008,* Berlin 2015.

Marcel Bohnert, Andy Neumann, *German Mechanized Infantry on Combat Operations in Afghanistan,* Berlin 2016.

Alois Bach, Carola Hartmann (Hrsg.), *Unbekannte Helden des Alltags. Soldaten und Ehefrauen berichten über Verantwortung, Humanität und Belastung im Auslandseinsatz,* Berlin 2020.

Kurt Helmut Schiebold, *99 Tage in Afghanistan. Wie der deutsche Einsatz 2003 im Nordosten Afghanistans begann. Aus meinem Tagebuch,* Berlin 2022.

Wiener Strategie-Konferenz

Wolfgang Peischel (Hrsg.), *Wiener Strategie-Konferenz 2016 – Strategie neu denken,* Berlin 2017.

Wolfgang Peischel (Hrsg.), *Wiener Strategie-Konferenz 2017 – Strategie neu denken,* Berlin 2018.

Wolfgang Peischel (Hrsg.), *Wiener Strategie-Konferenz 2018 – Strategie neu denken,* Berlin 2019.

Wolfgang Peischel (Hrsg.), *Wiener Strategie-Konferenz 2019 – Strategie neu denken,* Berlin 2021.

Militärgeschichte

Eberhard Kliem, Kathrin Orth, *"Wir wurden wie blödsinnig vom Feind beschossen". Menschen und Schiffe in der Skagerrakschlacht 1916,* Berlin 2016.

Hans Frank, Norbert Rath, *Kommodore Rudolf Petersen. Führer der Schnellboote 1942–1945. Ein Leben in Licht und Schatten unteilbarer Verantwortung,* Berlin 2016.

Joachim Welz, *Erfolgsstory oder Trauma – die Übernahme von Armeen. Lehren aus der Übernahme des österreichischen Bundesheeres in die Wehrmacht 1938 und der Reste der NVA in die Bundeswehr 1990,* Berlin 2018.

Joachim Hoppe, Manfred Wilde (Hrsg.), *Die Unteroffizierschule des Heeres, Die militärische Meisterschule,* Berlin 2016.

Georg Neuhaus, *Am Anfang war ein Speer. Eine Chronographie der Kriegs- und Militärtechnologien,* Berlin 2018.

Hans-Werner Ahrens, *Die Transportflieger der Luftwaffe 1956 bis 1971. Konzeption – Aufbau – Einsatz, (Reihe Schriften zur Geschichte der Deutschen Luftwaffe, Band 8),* Berlin 2019.

Jobst Reller, *Die Anfänge der evangelischen Militärseelsorge,* Berlin [2]2020.

Eberhard Frhr. v. Senden, Friedrich Frhr. v. Senden, *Der Erste Weltkrieg 1914–1918. Erlebnisse eines jungen Leutnants,* Berlin 2020.

Hans-Günter Behrendt, *Flugabwehr in Deutschland. Stationierungsorte und Systeme 1956-2012,* Berlin 2021.

Harald Fritz Potempa, *Balkan 1914-1945. Raum und Kleiner Krieg als militärhistorische Kategorien in der Wahrnehmung deutscher Streitkräfte,* Berlin 2021.

Stephan Horn, *Französische und wallonische Freiwilligenverbände im Zweiten Weltkrieg. Politische Implikationen militärischer Kollaboration,* Berlin 2021.

Jörg Beining, *Streng geheim! Elektronische Kampfführung im Kalten Krieg. Die EloKa der Bundeswehr und NATO aus östlicher Perspektive,* Berlin 2021.

Martin Kutz, *Die Schlacht als Männerballett oder Mythos und Militär,* Berlin 2022.

Olaf Rönnau, *Eine totale Institution als Zwischenspiel. Die Kadettenschule der NVA von ihrer Gründung 1956 bis zu ihrer Auflösung 1961,* Berlin 2022.

Stephan Maninger, *Für einige Morgen aus Eis und Schnee – Großbritanniens Kampf um Nordamerika 1754-1763,* Berlin 2022.

Frank Ganseuer, Heinrich Walle, *Die Parlamentsmarine – Geschichte(n) und Porträts zur ersten deutschen Flotte von 1848, Beiträge zur Schifffahrts- und Marinegeschichte Band 21,* Berlin 2023.

Eberhard Birk, *Die Deutschen und ihr Militär. Ein Streifzug mit Variationen und Reflexionen über ein einfach schwieriges Thema,* Berlin 2023.

Gerd Bolik, *NATO-Planungen für die Verteidigung der Bundesrepublik Deutschland im Kalten Krieg,* Berlin ²2023.

Erinnerungen

Blue Braun, *Erinnerungen an die Marine 1956–1996,* Berlin 2012.

Klaus Grot, *So war's, damals. Dienstchronik eines Pionieroffiziers im Kalten Krieg 1954–1991,* Berlin 2014.

Gustav Lünenborg, *Bürger und Soldat. Innere Führung hautnah 1956–1993, 1993–2015,* Berlin 2015.

Adolf Brüggemann, *Als Offizier der Bundeswehr im Auswärtigen Dienst. Meine Erinnerungen als Militärattaché in Seoul (Republik Korea) 1978–83 und in Prag (Tschechoslowakei/Tschechien) 1988–1993,* Berlin 2015.

Rainer Buske, *Eine Reise ins Innere der Bundeswehr. Wundersame Geschichten aus einer anderen Welt,* Berlin 2016.

Heinz Laube, *Duell am Himmel,* Berlin 2016.

Viktor Toyka, *Dienst in Zeiten des Wandels. Erinnerungen aus 40 Jahren Dienst als Marineoffizier 1966-2000,* Berlin 2017.

Hans-Eckhard Tribess (Hrsg.), *Im Leben unterwegs – für den Frieden. Festschrift für Wolfgang Altenburg zum 90. Geburtstag am 22. Juni 2018,* Berlin 2019.

Kurt Graf v. Schweinitz, *Notizen im Transit von Krieg und Frieden,* Berlin 2020.

Karl-Otto Behrendt, *Der kurze Bericht über eine lange Zeit. Kriegsgefangenschaft 1945–1953, herausgegeben und kommentiert von Hans-Günter Behrendt,* Berlin 2021.

Hans Peter von Kirchbach, *Herz an der Angel,* Berlin 2021.

Dieter Wolf, *Erlebnisse eines MAD-Offiziers und Leistungssportlers,* Berlin 2022.

Klaus Beckmann, *Dienstweg – kein Durchgang? Als Pfarrer und Staatsbürger in der Bundeswehr,* Berlin 2022.

Bernhard R. Kroener, *Lebensscherben – Hoffnungsspuren. Eine Familie aus Schlesien in den Stürmen des 20. Jahrhundert. In zwei Bänden. Eine dokumentarische Erzählung. Mit einer Familienstammfolge von Peter Bahl,* Berlin 2023.

Schriften zur Tradition

Eberhard Birk, Winfried Heinemann, Sven Lange (Hrsg.), *Tradition für die Bundeswehr. Neue Aspekte einer alten Debatte,* Berlin 2012.

Donald Abenheim, Uwe Hartmann (Hrsg.), *Tradition in der Bundeswehr. Zum Erbe des deutschen Soldaten und zur Umsetzung des neuen Traditionserlasses,* Berlin 2018.

Joachim Welz, *Vom Kontingentsheer zum Reichsheer: Militärkonventionen als Motor der Wehrverfassung,* Berlin 2018.

Donald Abenheim, Uwe Hartmann, *Einführung in die Tradition der Bundeswehr. Das soldatische Erbe in dem besten Deutschland, das es je gab,* Berlin 2019.

Eberhard Birk, Heiner Möllers (Hrsg.), *Die Luftwaffe und ihre Traditionen (aus der Reihe Schriften zur Geschichte der Deutschen Luftwaffe, Band 10),* Berlin 2019.

Hans-Günter Behrendt (Hrsg.): *Erinnerungsorte der Bundeswehr – Personen, Ereignisse und Institutionen der soldatischen Traditionspflege*, Berlin 2020.

Dirk Drews, Stefan Gruhl (Hrsg.): *Oberst Reinhard Hauschild 1921–2005. Traditionsstifter für die Bundeswehr? Gedenkschrift zum 100. Geburtstag*, Berlin 2021.

Dieter Krüger, *Verständigung mit Frankreich. Das vergebliche Plädoyer des Oberst Dr. Hans Speidel. Paris 1940–1942,* Berlin 2021.

Martin Kutz, *Besuch im Soldatenhimmel. Ein wissenschaftlicher Reisebericht aus einer anderen Welt,* Berlin 2022.